Hartmut Wilke

Wasser Schildkröten

Fotos: Uwe Anders
Zeichnungen: Robert Fischer

2 INHALT

Anschaffung und Eingewöhnung	4
Typisch Wasserschildkröte	4
Entscheidungshilfen	6
Einzel- oder Paarhaltung?	7
Wissenswertes	9
Im Porträt: Wasserschildkröten	10
Schildkröten und Artenschutz	18
Wo Sie Schildkröten bekommen	18
Tabelle: Ist die Schildkröte gesund?	19
Alter der Schildkröte	20

Terrarium für Sumpfschildkröten	21
Aquarium für Wasserschildkröten	23
Wo Aquarium und Terrarium stehen sollten	26
Die Freianlage im Garten	26
TIP: Schildkröten »einfangen«	27
»Sommerfrische« auf Balkon und Terrasse	28
PRAXIS: Eingewöhnung	30

Der richtige Umgang im Alltag	33
Schildkröten aneinander gewöhnen	33
Winterruhe - ein wichtiges Thema	33
TIP: Vorzeitiges Erwachen aus der Winterruhe	34
10 Goldene Regeln des richtigen Umgangs	35
PRAXIS: Pflege	36
Gesunde Ernährung	38

Tabelle: So füttern Sie Ihre Schildkröte richtig	40	**Verhalten und Beschäftigung**	53	**Anhang**	60
Checkliste: Fütterungsregeln	41	Die Körpersprache	53	Register	60
		Sinnesleistungen	54	Adressen und Literatur	62
Wenn Schildkröten Nachwuchs bekommen	43	TIP: Ablösen von Hornplatten	55	Wichtige Hinweise	63
PRAXIS: Zucht	46	VerhaltensDolmetscher	56	Impressum	63
Gesundheitsvorsorge und Krankheiten	48	PRAXIS: Beschäftigung	58	EXPERTEN-RAT	64

TYPISCH
WASSERSCHILDKRÖTE

- Von Natur aus Einzelgänger.
- Rundum gepanzert, aber doch empfindlich.
- Kann gut riechen und sehen.
- Liebt Sonnenbäder.
- Manche Arten brauchen eine Winterruhe.
- Zerkleinert ihre Nahrung mit einem »Hornschnabel«.
- Klug und lernfähig.
- Wird in der Natur bis zu 120 Jahre alt.

Bereits zu Zeiten der Saurier lebten Schildkröten auf der Erde. Bis heute konnten die Schildkröten neben den Krokodilen als eine der ältesten Tierfamilien bestehen und faszinieren als »Boten aus der Vergangenheit« die Menschen. Vom Klima her war es damals sehr viel wärmer als jetzt, und daran sind die in der heutigen Zeit lebenden Schildkröten noch immer mehr oder weniger gewöhnt. Die Heimat der meisten Schildkrötenarten ist deshalb vor allem dort, wo es warm ist, also in den tropischen und subtropischen Gebieten der Welt. Einige Arten konnten sich jedoch an das wechselvolle Klima im Norden Amerikas, in Europa und in Australien anpassen, indem sie während der kalten Jahreszeit eine Winterruhe einlegen, wie z. B. die Waldbachschildkröte *(Clemmys insculpta)* oder die Zierschildkröte *(Chrysemys picta)*. Gönnen Sie Ihrer Wasserschildkröte auch als Heimtier ihren gewohnten Winterschlaf. Denn nur wenn Sie die Lebensansprüche Ihres Tieres genau kennen und sie bei der Haltung beachten, werden Sie lange Freude an einem gesunden und munteren Tier haben.

ENTSCHEIDUNGSHILFEN

1 Leiden Sie an einer Tierhaarallergie? Es ist erwiesen, daß Schildkröten keine Allergien beim Menschen auslösen.

2 Haben Sie einen Garten oder einen Balkon? Viele Sumpfschildkröten freuen sich über eine »Sommerfrische«. Der Balkon muß dazu nach Süden oder Südwesten ausgerichtet sein.

3 Es gibt zahlreiche, sehr empfindliche Schildkröten aus tropischen Bereichen, die nur in ausgesprochen sonnigen und warmen Perioden im Freien gehalten werden dürfen (→ ab Seite 10).

4 Berücksichtigen Sie, daß große Aquarien für Wasserschildkröten schwer sind. Ein 200-Liter-Becken wiegt mit Gestell und Zubehör fast fünf Zentner.

5 Die Ausstattung für eine artgerechte Unterbringung ist aufwendig und teuer, jedoch lebenswichtig für das Wohlbefinden von Sumpf- und Wasserschildkröten. Tropische Arten, die keine Winterruhe halten, verbringen oft ihr ganzes Leben im Aquarium bzw. Terrarium.

6 Haben Sie für das Zimmeraquarium einen sicheren Standort? Zugluft und Bodenschwingungen, z.B. durch die eingeschaltete Hi-Fi-Anlage verursacht, dürfen nicht sein!

7 Haben Sie einen geeigneten kalten Keller zur Verfügung, in welchem Sie Ihrer Schildkröte ein Winterquartier einrichten können? Ungeeignete Überwinterungsquartiere für Schildkröten sind Gartenteich, Dachböden, Geräteschuppen, Gewächshäuser oder der Balkon.

8 Eine kranke Schildkröte muß zu einem Tierarzt gebracht werden, der sich mit den speziellen Behandlungsmethoden bei Schildkröten auskennt. Suchen Sie rechtzeitig einen entsprechenden Fachmann, damit der kranken Schildkröte im Notfall schnell geholfen werden kann.

9 Haben Sie schon andere Heimtiere? Erkundigen Sie sich bereits vor dem Kauf einer Schildkröte, ob sich die Tiere vertragen.

10 Kümmern Sie sich rechtzeitig um einen Pfleger für Ihre Schildkröte, für den Fall, daß Sie einmal krank werden oder länger verreisen.

Einzel- oder Paarhaltung?

Schildkröten sind von Natur aus Einzelgänger, brauchen also keinen Partner, um »glücklich« zu sein. Nur in der Fortpflanzungszeit werden sie in ihrem natürlichen Lebensraum vorübergehend etwas geselliger. Doch die »Zweisamkeit« ist nicht von langer Dauer, sondern dient lediglich der Fortpflanzung.

Für eine erfolgreiche Paarhaltung als Heimtiere ist eine sichere Unterscheidung der Geschlechter die erste Voraussetzung. Außerdem benötigen Sie ein entsprechend großes Aquaterrarium und die Möglichkeit, Paare in Phasen der Unverträglichkeit getrennt zu pflegen, Eier ausbrüten zu können und die Jungtiere in einem gesonderten Aquarium großzuziehen (→ Zucht, Seite 46). »Glückssache« wird die Paarhaltung häufig bei der Anschaffung zweier Jungtiere, weil das Geschlecht in diesem Alter oft noch nicht eindeutig festgestellt werden kann. Ungünstig ist es, wenn zwei Männchen zusammen aufwachsen und eines bei Beginn der Geschlechtsreife anfängt, das andere zu unterdrücken.

Männchen und Weibchen unterschiedlicher Arten können sich zwar vertragen, doch Nachwuchs ist selten und außerdem aus Artenschutzgründen abzulehnen.

Männchen oder Weibchen?

Bei einem Einzeltier ist es gleich, für welches Geschlecht Sie sich entscheiden. Es gibt kaum geschlechtsspezifischen Unterschiede im Alltagsverhalten. Suchen Sie jedoch für Ihre Schildkröte einen passenden Partner, wählen Sie am besten unter halbwüchsigen bis ausgewachsenen Tieren. Je jünger die Schildkröte, um so schwieriger wird die Unterscheidung der Geschlechter für Laien. Die Männchen vieler Arten haben einen stärker nach innen gewölbten Bauchpanzer als die Weibchen. Männliche Tiere besitzen in der Regel einen etwas längeren und an der Basis schmaleren Schwanz mit mehr zum Schwanzende hin verlagerter Kloake.

Bei vielen Sumpfschildkröten zeichnen sich bereits halbwüchsige Männchen eindeutig durch längere Krallen an den Vorderbeinen aus. Auch bleiben sie ab diesem Alter oft deutlich in der Größe hinter den Weibchen zurück. Bei manchen erwachsenen Schildkröten läßt sich das Geschlecht auch anhand der Augenfarbe bestimmen (→ Dosenschildkröten, Seite 15).

ANSCHAFFUNG UND EINGEWÖHNUNG

Das A und O der erfolgreichen Schildkrötenhaltung ist die gründliche Information über die Bedürfnisse dieser urtümlichen Reptilien. Deshalb sollten Sie bereits vor dem Kauf die Ansprüche Ihres zukünftigen Pfleglings kennen und bei der Eingewöhnung einige wichtige Dinge beachten.

Wissenswertes über Sumpf- und Wasserschildkröten

Unter den wasserbewohnenden Schildkröten gibt es Riesen und – im Vergleich dazu – Zwerge. Die größte und schwerfälligste unter den Meeresschildkröten ist die Lederschildkröte mit über 1,50 m Länge und bis zu vier Zentnern Gewicht. In tropischen Meeren kann man sie gelegentlich beobachten, wenn sie gemächlich an der Oberfläche paddelt, um sich zu sonnen. Die Meeresschildkröten können mit ihrem flachen Panzer und den zu Paddeln umgeformten Armen und Beinen im Meer außerordentlich gut schwimmen und tauchen. Im Gegensatz dazu steht die kleinste wasserlebende Schildkröte, die Tropfenschildkröte mit nur 10 bis 12 cm Länge und etwa 120 Gramm Körpergewicht. Schildkröten lebten bereits zu Zeiten der Saurier, also vor 180 Millionen Jahren, wie Versteinerungen aus dem Erdmittelalter beweisen. Einige Versteinerungen wurden in Deutschland, am Rande des Harzes, entdeckt. Die Schildkröten aus dem Erdmittelalter waren über einen halben

Die Schlangenhalsschildkröte ist eine lebhafte Schwimmerin. Hier holt sie gerade Luft.

Meter lang. In ihrem Mund findet man kleine, höckrige Zähne, die mit dem Gaumen verwachsen sind. Auch auf den Kiefern sind kleine, deutlich erkennbare Reste von Zähnen zu sehen. Der Panzer war flach und den heutigen Formen bereits vergleichbar.

Einige Veränderungen bzw. Anpassungen hat es im Laufe der Zeit allerdings gegeben. Statt Zähnen haben Schildkröten heute lediglich scharfe Hornschneiden am Mundrand, mit welchen sie ihre Nahrung zerkleinern können. Auch der Panzer hat die unterschiedlichsten Anpassungen erfahren. Die Weichschildkröte beispielsweise hat keinen Panzer im herkömmlichen Sinne mehr. Ihre Körperoberfläche wird lediglich von einer zähen, elastischen Haut geschützt. Vom ehemaligen (Knochen-) Panzer ist praktisch nur noch ein kleiner Rest am Bauch zu erkennen (→ Seite 14). Andere Schildkrötenarten wiederum besitzen einen stark gepanzerten Kopf (Großkopfschildkröte), der nicht mehr durch Einziehen in das Panzerinnere geschützt werden muß. Außerdem gibt es Schildkröten, die nach dem Einziehen der Gliedmaßen das »Gehäuse« mit Hilfe von Gelenken und Scharnieren völlig verschließen können (→ Dosenschildkröten, Seite 15).

IM PORTRÄT:

Waldbachschildkröte.

Moschusschildkröte.

Waldbachschildkröte
Clemmys insculpta
Größe: Männchen 13 cm, Weibchen bis 23 cm. Verbreitung: USA (Große Seen bis ins kanadische Nova Scotia). Lebensraum: Kühle Bäche und Flüsse in Waldgebieten, Sümpfe und Sumpfwiesen. Verhalten: Tagaktiv. Überklettert mannshohe Maschenzäune. Intelligent und lernfähig. Liebt ausgiebige Landaufenthalte. Haltung: Terrarium und/oder Freianlage mit Schutzhütte; Lufttemperatur: mitteleuropäisches Klima. Ab April bis Oktober Freilandhaltung, mit beheizbarer Schutzhütte ab Anfang März bis Ende Oktober. Futter: Käfer, Schnecken, Würmer, Beeren und Früchte. Winterruhe: Ja, ab dem ersten Lebensjahr. Überwintert im Wasser oder gräbt sich an Land ein. Aquaterrarium abkühlen und das Tier selbst auswählen lassen.

Moschusschildkröte
Sternotherus odoratus
Größe: Bis 15 cm. Verbreitung: USA (Florida) bis südliches Kanada. Lebensraum: Stille, krautreiche Gewässer mit flachen Ufern. Verhalten: Tag- und nachtaktiv, starke Esser. Haltung: Aquaterrarium und Gartenteich; Tiere aus den nördlichen USA bei 20 bis 25 °C Wassertemperatur, die aus den südlichen USA bei 23 bis 28 °C pflegen. Lufttemperatur 24 bis 28 °C. Freilandhaltung von Juni bis August; die nördliche Art auch von Mai bis September. Futter: Fleischkost. Winterruhe: Ja/nein, je nach Herkunft. Entscheidung im Zweifelsfall nur durch genaue Beobachtung möglich (→ Seite 34). Besonderheiten: Das Tier schwimmt schlecht und bewegt sich unter Wasser kletternd fort. Im Aquarium Kletterhilfen in Form von Wurzeln, Steinen oder Sisal-Tauenden (ca. 6 cm Durchmesser!). In dünneren Seilen Verwicklungsgefahr und Tod durch Ertrinken. Im Gartenteich sollten flache Ufer für einen bequemen Ausstieg sorgen. Bei Reizung scheidet das Tier ein stark riechendes Sekret (»Moschus«) aus.

Die Mississippihöckerschildkröte lebt in kleinen stillen Gewässern.

WASSERSCHILDKRÖTEN 11

Rotwangenschmuckschildkröte.

Missisippihöckerschildkröte.

Rotwangenschmuckschildkröte
Chrysemys (Pseudemys) scripta elegans
Größe: Bis 25 cm. Verbreitung: USA, östlich und westlich des Mississippi. Lebensraum: Stille, verkrautete Gewässer, die sich in der Sonne schnell erwärmen. Verhalten: Tagaktiv, gern auf Sonnenplatz dicht über dem Wasser, lebhafte Schwimmerin. Haltung: Aquarium und Gartenteich; im Aquarium 26 bis 28 °C Wassertemperatur, 26 bis 32 °C Lufttemperatur. Gartenteichhaltung von Juni bis August. Futter: Jungtiere Fleischfresser (Forellenfilet, Tartar, Katzentrockenfutter). Mit zunehmendem Alter auch Pflanzenfresser. Winterruhe: Ja, ab dem ersten Lebensjahr (3 bis 4 Monate im Wasser).
Hinweis: Niemals im Gartenteich überwintern (→ Seite 64). Besonderheiten: Die Rotwangenschmuckschildkröte besser einzeln halten, sofern kein Nachwuchs geplant ist. Auch Paare sind bei Platzmangel unverträglich. Diese Schildkrötenart ist auch heute noch am häufigsten im Handel und in Privathand anzutreffen. Ähnlich zu pflegende Arten: **Gelbwangen-Schmuckschildkröte**, *Chrysemys troosti*, Größe bis 25 cm; **Hieroglyphenschmuckschildkröte**, *Chrysemys concinna hieroglyphica*, Größe bis 40 cm.

Mississippihöckerschildkröte
Graptemys kohnii
Größe: Bis 25 cm, Männchen nur bis 13 cm. Verbreitung: Südliche USA. Lebensraum: Stille Gewässer, warm und krautreich. Verhalten: Tagaktiv. Haltung: Aquarium mit Sonneninsel außerhalb des Wassers (→ Seite 24), Wassertemperatur 22 bis 28 °C, Lufttemperatur 22 bis 28 °C. Gartenteich nur an sehr heißen Sommertagen. Futter: Pflanzenfresser, 30 bis 50 % tierische Beikost. Winterruhe: Ja/nein, Winterruhebedürfnis durch Beobachtung feststellen (→ Seite 34). Ähnlich zu pflegende Arten: **Maurische Wasserschildkröte**, *Mauremys leprosa*, Größe bis 25 cm. Lebt in Flüssen Spaniens, Portugals und Algeriens. **Falsche Landkartenhöckerschildkröte**, *Graptemys pseudogeographica*, Größe bis 25 cm. Lebt in fruchtbaren Gewässern der USA in 4 Unterarten. Pflanzenfresser mit 30 bis 50 % tierischer Beikost, Überwinterungsbereitschaft durch Beobachten feststellen (→ Seite 34). **Kaspische Bachschildkröte**, *Mauremys caspica caspica*, Größe bis 25 cm. Lebt in langsam fließenden Gewässern südlich des Kaspischen Meeres in 3 Unterarten. Pflanzenfresser mit 30 bis 50 % tierischer Beikost.

IM PORTRÄT:

Tropfenschildkröte.

Chinesische Dreikielschildkröte.

Tropfenschildkröte
Clemmys guttata
<u>Größe:</u> Bis 12 cm. <u>Verbreitung:</u> Im Osten und Nordosten der USA, von Florida bis Michigan und Ontario. <u>Lebensraum:</u> Kleine, sumpfige Wiesengewässer und langsam fließende Flüsse; Bruchwaldgewässer. <u>Verhalten:</u> Tagaktiv, wenn das Wasser warm genug ist. Lebt häufig untergetaucht; bei kälterem Wasser nimmt die Tropfenschildkröte häufiger ein Sonnenbad. <u>Haltung:</u> Aquarium und Freianlage; Wassertemperatur 22 bis 27 °C, Lufttemperatur 22 bis 28 °C. Haltung im Gartenteich von Juni bis August, jedoch nur an heißen Sonnentagen, wenn die Schildkröte außerhalb des Wassers eine Körpertemperatur von 36 °C erreichen kann. <u>Futter:</u> Pflanzenkost. <u>Winterruhe:</u> Ja, ab dem ersten Lebensjahr. <u>Besonderheiten:</u> Die Geschlechter lassen sich an den Augen unterscheiden. Männchen haben braune, Weibchen gelbe Augen. Bei der Überwinterungsdauer müssen Sie die genaue Herkunft der Schildkröte beachten (starke Nord-Süd-Verbreitung). Dies kann bedeuten, daß die Schildkröten an unterschiedlich lange Ruhezeiten angepaßt sind. Beobachten Sie das Winterruheverhalten genau (→ Seite 34).

Chinesische Dreikielschildkröte
Chinemys reevesii
<u>Größe:</u> Bis 17 cm. <u>Verbreitung:</u> Indonesien, Japan, Südostchina. <u>Lebensraum:</u> Stille Süß- und Brackgewässer. <u>Verhalten:</u> Tagaktiv. Haltung: Aquarium und Gartenteich; Aquarium mit Unterwasserklettermöglichkeiten zur Oberfläche, da diese Schildkröte eine schlechte Schwimmerin ist. Haltung im Gartenteich von Juni bis August, jedoch nur an heißen Sommertagen, wenn das Wasser 27 °C erreicht, denn die in Europa gehandelten Arten stammen in der Regel aus dem südlichen Verbreitungsgebiet. Lufttemperatur 24 bis 28 °C. <u>Futter:</u> Fleischkost. <u>Winterruhe:</u> Keine. <u>Ähnlich zu pflegende Arten:</u>
Smith Dachschildkröte, *Kachuga smithii*, stammt aus Indien, lebt in Indus und Ganges, Pflanzenfresser, keine Winterruhe.
Spitzkopfschildkröte, *Emydura albertisii*, aus Neuguinea und Australien (→ Foto, Seite 18), Gemischtkost. Diese hübsch gefärbte Sumpfschildkröte hat in den letzten Jahren in viele Liebhaberterrarien Einzug gehalten, da sie sich sowohl in zoologischen Gärten als auch in Privathand leicht fortpflanzen läßt.

WASSERSCHILDKRÖTEN 13

Jungtier der Schlangenhalsschildkröte.

Amboina-Scharnierschildkröte.

Schlangenhalsschildkröte
Chelodina longicollis
Größe: Bis 30 cm. Verbreitung: Ost-Australien. Lebensraum: Stille und langsam fließende Gewässer, seichte Ufer. Hält sich während der Regenzeit vorübergehend auch an Land auf. Verhalten: Tagaktiv, lebhafte Schwimmerin, zur Paarungszeit recht bissig! Haltung: Besonders großes Aquarium; Wassertemperatur 23 bis 28°C, Lufttemperatur 24 bis 28 °C. Futter: Fleischkost. Winterruhe: Nein. Besonderheiten: Diese Schildkröte bringt ihren Kopf und den relativ langen Hals in Sicherheit, indem sie sie seitlich zwischen Bauch und Rückenpanzer legt (»Halswender-Schildkröte«).

Amboina-Scharnierschildkröte
Cuora amboinensis
Größe: Bis 20 cm. Verbreitung: Südostasien. Lebensraum: Stille, flache Gewässer. Diese Schildkröte geht aber auch gern an Land. Verhalten: Tagaktiv. Die Amboina-Scharnierschildkröte ist eine schlechte Schwimmerin. Haltung: Aquaterrarium mit Unterwasserkletterhilfen, damit die Schildkröte bequem zur Oberfläche klettern kann. Kletterhilfen stellen z.B. Steine, Wurzeln und Sisal-Tauenden dar. Der Landteil sollte 30 bis 40 % der Fläche des Aquaterrariums einnehmen. Die erforderliche Wassertemperatur beträgt 24 bis 30 °C, die nötige Lufttemperatur 26 bis 30 °C. **Hinweis:** Selbst kurzfristiges Absinken der Temperatur unter 18 °C kann die Gesundheit der Schildkröte schädigen. Futter: Gemischtkost. Winterruhe: Nein. Ähnlich zu pflegende Arten: **Gelbrand-Scharnierschildkröte**, *Cuora flavomarginata*. Sie ist auf den Philippinen und Sulawesi zu Hause. **Dickhalsschildkröte**, *Siebenrockiella crassicollis*. Sie lebt in seichten Gewässern aller Art. Man findet sie sowohl im tropischen Regenwald als auch in Savannengebieten. Fleisch- und Pflanzenkost je zur Hälfte.

Erwachsene Schlangenhalsschildkröte.

14 IM PORTRÄT:

Die Zierschildkröte bewohnt ruhige Gewässer.

Dornrand-Weichschildkröte.

Zierschildkröte
Chrysemys picta
Größe: Bis 25 cm. Verbreitung: USA, östlich des Mississippi, im Norden auch westlich davon. Lebensraum: Ruhige, krautreiche Gewässer. Verhalten: Tagaktiv; recht beständiger Wechsel von Futtersuche und Sonnenbad. Haltung: Aquarium und Gartenteich; Wassertemperatur 20 bis 25 °C, Lufttemperatur 20 bis 25 °C. Im Aquarium Spotstrahler zum Aufwärmen über einem Landteil (»Insel« aus Holz oder ähnliches) als Ausgleich zur niedrigen Wassertemperatur; Haltung im Gartenteich von Juni bis August. Futter: Fleisch- und Pflanzenkost je zur Hälfte. Winterruhe: Ja, ab dem ersten Lebensjahr.

Löwenzahnblätter und -blüten mögen alle »Gemischtköstler«.

Dornrand – Weichschildkröte
Trionyx spiniferus
Es gibt weltweit 23 *Trionyx*-Arten. Am häufigsten trifft man zur Zeit auf Arten, die aus den USA stammen *(Trionyx ferox, Trionyx spiniferus)*. Größe: Männchen 15 cm; Weibchen bis 45 cm. Achten Sie auf Art und Herkunft! Afrikanische Weichschildkröten erreichen Längen bis 60 cm. Die meisten Arten sind sehr bissig! Verbreitung: Hauptsächlich mittlere und östliche USA. Lebensraum: Sumpfige Fließgewässer, Seen. Verhalten: Tagaktiv. Haltung: Aquarium und Gartenteich (von Juni bis August). Wassertemperatur 22 bis 27 °C. Lufttemperatur entsprechend der Wassertemperatur. Sehr feinkörniger Bodensand im Aquarium (Flußsand, ersatzweise Schaumstoffwürfel; kein »scharfer« Sand). Die Wasseroberfläche muß im eingegrabenen Zustand problemlos zum Atmen erreicht werden können. Futter: Fleischliche Kost (auch Wasserschnecken). Winterruhe: Bedürfnis beobachten, abhängig von Herkunft. Hinweis: Einzelhaltung. Der Panzer ist hochempfindlich, Wunden heilen schlecht. Das Wasser muß stets sauber sein. Bisse durch große Tiere können den Finger kosten! Nur für Menschen mit »Schildkrötenerfahrung«.

WASSERSCHILDKRÖTEN 15

Karolina-Dosenschildkröte.

Schmuck-Dosenschildkröte.

Landlebende Sumpfschildkröten
Diese Schildkröten werden zwar systematisch den Sumpfschildkröten zugeordnet, leben jedoch durch Anpassung ausschließlich auf dem Land.

Karolina – Dosenschildkröte
Terrapene carolina (es gibt 4 Unterarten)
Größe: 10 bis 21 cm (je nach Unterart). Verbreitung: USA, ausgenommen der gesamte Westen. Lebensraum: Feuchte Waldgebiete und Wiesen. Verhalten: Dämmerungsaktiv. Tagsüber in Verstecken zurückgezogen. Haltung: Terrarium und Freianlage, Lufttemperatur 18 °C (nachts) bis 28 °C (tagsüber). Freilandhaltung von Juni bis August. Das Tier liebt Morgen- und Abendsonne. Futter: Fleischkost (Grillen, Heuschrecken, Schnecken) und Kräuter, Pilze. Frißt Giftpilze ohne Schaden. Winterruhe: Ja, ab dem ersten Lebensjahr. Besonderheiten: Bei allen Dosenschildkröten ist die Regenbogenhaut im Auge der Männchen rotbraun bis orange gefärbt, während die der Weibchen gelblichweiß bis gelb gefärbt ist (→ rechts). Hinweis: Nur für erfahrene Pfleger zu empfehlen.

Diese Dosenschildkröte ist neugierig.

Schmuck-Dosenschildkröte
Terrapene ornata
Größe: Bis 15 cm. Verbreitung: USA, zwischen den westlichen Nebenflüssen des Mississippi, jedoch nicht in den Bergen. Lebensraum: Fruchtbares Grasland, sandige, halbtrockene Böden mit Strauchwuchs, nahe von Gewässern. Verstecke in Erdhöhlen. Verhalten: Dämmerungsaktiv, tagsüber in Verstecken zurückgezogen. Haltung: Terrarium und Freianlage; Lufttemperatur 18 °C (nachts) bis 28 °C (tagsüber). Freilandhaltung von Juni bis August. Das Tier liebt Morgen- und Abendsonne. Futter: Fleischkost (Grillen, Heuschrecken, Schnecken), Kräuter, Pilze. Frißt Giftpilze ohne Schaden. Winterruhe: Ja, ab dem ersten Lebensjahr. Hinweis: Nur für erfahrene Schildkrötenpfleger zu empfehlen.

IM PORTRÄT:

Bunte Erdschildkröte.

Spenglers Erdschildkröte.

»Erdschildkröten«, die Sumpfschildkröten sind

Die folgenden Schildkrötenarten werden oft als Erdschildkröten bezeichnet, sind aber keine Land-, sondern Sumpfschildkröten. Sie bewegen sich überwiegend, zumindest aber durchschnittlich häufiger an Land fort als von anderen Sumpfschildkröten bekannt, haben jedoch auch ein besonderes Bedürfnis nach Wassernähe.

Bunte Erdschildkröte

Rhinoclemys pulcherrima, auch als *Geoemyda pulcherrima (manni)* bezeichnet. Es gibt noch einige andere Unterarten. Diese Schildkröten werden immer wieder im Handel angeboten. Selbst erfahrenen Wissenschaftlern ist bisher die Haltung auf Dauer nicht zufriedenstellend gelungen. Hier die wichtigsten Haltungsbedingungen, um die Qual der Schildkröten nicht unnötig zu verschlimmern: Haltung: Aquaterrarium mit 1/3 Wasser und 2/3 Landteil; Wassertemperatur 27 bis 28 °C. Ein Spotstrahler sorgt in der Ecke des Terrariums für eine Temperatur von 36 °C. Im abgedeckten Aquaterrarium muß eine Luftfeuchtigkeit von 85 bis 90 % hergestellt werden. Gleichzeitig unbedingt darauf achten, daß es nicht zu Zersetzungsvorgängen wie z. B. Kompostierung oder Schimmelbildung kommt. **Hinweis:** Diese Schildkrötenart ist auf Dauer nicht zu pflegen.

Spenglers Erdschildkröte

Geoemyda spengleri
Größe: Bis 15 cm. Verbreitung: Südchina, Vietnam, Indonesien. Lebensraum: Tropische Bergregenwälder. Verhalten: Tagaktiv. Haltung: Aquaterrarium mit 50 bis 75 % Landteil (»Waldboden« aus Laub und feuchten Rindenhäckseln). Machen Sie Versuche mit starker Wasserströmung; beibehalten, wenn die Schildkröte sie aktiv aufsucht. Geröllboden im Wasser sorgt für Halt. Wassertemperatur 24 bis 26 °C, Lufttemperatur 24 bis 26 °C. Haltung im Gartenteich mit Bachlauf von Juni bis August möglich. Futter: Gemischtkost.

Die Großkopfschildkröte verläßt häufig nachts das Wasser.

WASSERSCHILDKRÖTEN

Stachel-Erdschildkröte.

Pyxidea mouhoti.

Winterruhe: Nein. Besonderheiten: Die Tiere besitzen von Natur aus einen ausgeprägten »Haken« am Vorderende der Oberkieferschneide. Dieser darf nicht entfernt werden, denn er dient als Kletterhilfe.
Hinweis: Die **Großkopfschildkröte**, *Platysternon megacephalum* (→ Foto Seite 16) braucht ein Aquarium mit flachem Wasserstand (Wasserhöhe entspricht Panzerlänge). Wassertemperaturen von 23 bis 25 °C; Fleischkost. Nur Einzelhaltung! Achtung, diese Schildkröte ist sehr bissig.

Stachel-Erdschildkröte
Heosemys spinosa
Größe: Bis 22 cm. Verbreitung: Thailand, Malaiische Halbinsel, Sumatra, Borneo. Lebensraum: In Gebirgsbächen des tropischen Regenwaldes. Verhalten: Tagaktiv. Haltung: Aquarium; Wassertemperatur 24 bis 26°C. Liebt deutliche Strömung bei flachem Wasser und gleichzeitigem Angebot guter Verankerungsmöglichkeiten unter Wasser (Steine, Wurzeln). 40 bis 50 % Landteil. Futter: Gemischtkost. Winterruhe: Nein.
Hinweis: Obwohl es sich um eine Sumpfschildkröte handelt, besitzt diese Art keine Schwimmhäute. Dies ist vermutlich auf eine Anpassung an das Leben in Gebirgsbächen zurückzuführen.

Hinterindische Dornrandschildkröte
Pyxidea mouhoti
Größe: Bis 18 cm. Verbreitung: Vietnam, Laos. Lebensraum: Tropischer Regenwald; in/an Gewässern. Verhalten: Jungtiere leben bevorzugt im Wasser, ältere Tiere halten sich gern an Land auf, vergraben sich in feuchter Lauberde und schätzen die Beschattung durch Pflanzenwuchs. Haltung: Aquaterrarium; Wassertemperatur 23 bis 25 °C. Lufttemperatur 23 bis 25 °C. Bodentemperatur 20 bis 22 °C. Futter: Gemischtkost. Winterruhe: Nein. Besonderheit: Diese Art hat von Natur aus einen ausgeprägten »Haken« am Oberkiefer, der als Kletterhilfe dient. Fast erwachsen, bildet sich im hinteren Drittel des Bauchpanzers ein Quergelenk aus.

Mageres Rindfleisch, fein geschnitten zu Tatar, eignet sich zur Ernährung von Sumpf- und Wasserschildkröten.

Anschaffung und Eingewöhnung

Schildkröten und der Artenschutz

Das Washingtoner Artenschutzübereinkommen (WA) regelt den Schutz unserer weltweit bedrohten Tier- und Pflanzenarten. Entsprechend dem Grad ihrer Schutzbedürftigkeit wurden auch verschiedene Schildkröten in die Schutzkategorien I und II aufgenommen. Tiere, die vom Aussterben bedroht sind, findet man in Anhang des WA. Der An- oder Verkauf dieser Tiere ist ohne eine gesonderte Ausnahmegenehmigung verboten. Allerdings dürfen nachgezüchtete Tiere in vielen Fällen verkauft werden. Andere Schildkröten sind im Anhang II des WA aufgelistet. Die Erhaltungssituation läßt für nicht geschützte oder Anhang-II-Arten eine geordnete, kontrollierte Entnahme aus der Natur zu.

Die im Zoofachhandel angebotenen Schildkröten erfüllen die gesetzlichen Artenschutzvoraussetzungen und können daher legal mit den entsprechenden CITES-Papieren erworben werden (→ rechts). Zu beachten ist, daß sich die gesetzlichen Bestimmungen und der Schutzstatus der einzelnen Schildkrötenarten ständig ändern und den Gegebenheiten in der Natur angepaßt werden.

Vor dem Erwerb einer Schildkröte sollten Sie sich daher im Zweifelsfall bei der Naturschutzbehörde (Landratsamt oder Regierungspräsidium) erkundigen, ob der Erwerb des Tieres erlaubt ist.

Wo Sie Schildkröten bekommen

In Zoofachgeschäften werden Schildkröten angeboten, die Sie bedenkenlos erwerben können. Wenn es sich um die Nachzucht eines artgeschützten Tieres handelt, erhalten Sie in der Regel unaufgefordert die entsprechenden CITES-Papiere, in denen unter anderem der wissenschaftliche Name der Schildkröte vermerkt ist. Auch bei einer nichtgeschützen Art, die zum Kauf angeboten wird, sollten Sie sich den wissenschaftlichen Namen geben lassen, um sich im Fachgeschäft, bei Experten oder in diesem Ratgeber über die entsprechenden Pflegebedingungen informieren zu können. Es kann nämlich passieren, daß eine nicht geschützte Art wie z. B. die »Bunte Erdschildkröte« (→ Seite 16) auf Dauer in der Obhut des Menschen nicht am Leben erhalten werden kann. Andere Schildkröten werden geradezu riesig, und manche, die eventuell paarweise angeboten werden, sind nur für die Einzelhaltung geeignet (Weich- und Schnappschildkröten).

Beim Züchter bekommen Sie ebenfalls nachgezüchtete geschützte Arten mit CITES-Bescheinigung. Züchteradressen finden Sie in Terrarien- und Aquarienzeitschriften sowie im »Anzeigenjournal« der DGHT (→ Adressen, die weiterhelfen, Seite 62). Holen Sie die Schildkröte persönlich ab. Lassen Sie sich vom Züchter seine Anlage, gegebenenfalls die Überwinterungseinrichtung und die Elterntiere zeigen. Außerdem haben Sie in Ihrem Züchter stets einen kompetenten Ratgeber für alle Fälle.

Hinweis: Auch wenn Ihre Wunschschildkröte nicht gleich auf dem Markt zu haben

Bunt und beliebt: die Spitzkopfschildkröte (Emydura albertisii).

Gesundheitszustand prüfen

Gesundheitscheck: Ist die Schildkröte gesund?

Darauf achten	Sumpf- und Wasserschildkröten
Panzer gesund	<u>Jungtiere bis 1/3 Endgröße:</u> Panzer fest elastisch wie Daumennagel. <u>Alttiere:</u> Panzer hart und fest. Alle Hornplatten fest und unversehrt (auch am Bauch). Algenwachstum ist zu tolerieren. Beachten: Sumpf- und Schlangenhalsschildkröten stoßen regelmäßig die äußere Hornschicht ab.
Panzer krank	<u>Jung- und Alttiere:</u> Panzer gibt auf Druck nach wie Hefebrötchen (nur weich, nicht elastisch). <u>Alttiere:</u> Panter fest, aber dann verformt. Einzelschilder stark bucklig und/oder Gesamtform seitlich betrachtet stark bucklig. <u>Bauchpanzer:</u> Löcher im Hornschild, rosige, wässerige Bläschen unter oder im Hornpanzer, abgelöste, fehlende Hornschilder, Knochen (weißlich-gelblich) liegt blank.
Haut gesund	Außerhalb der starken Beschuppung an Hals und Beinen ledrig weich und elastisch.
Haut krank	Borkig und starr. Mit Zecken und Milben befallen.
Augen gesund	Klar, blank, weit geöffnet.
Augen krank	Hornhaut milchig trüb, Lider geschlossen, geschwollen.
Nasen gesund	Trocken, keine Bläschen und kein Geräusch beim Atmen.
Atemwege krank	Bläschen an Nase und Mund, Aufreißen des Mundes bei vorgerecktem Kopf, rasselnder Atem.
Krallen gesund	Sitzen fest im Fuß bei gesundem Nagelbett; alle Krallen vorhanden.
Krallen krank	Locker im Fuß, zum Teil fehlend; Nagelbett entzündet (rötlich – weißlich) und/oder geschwollen.
Fortbewegung	<u>An Land:</u> Es werden alle 4 Beine zur Fortbewegung benutzt; kein Nachziehen der Hinterbeine (Nervenschädigung!). <u>Schwimmend:</u> Von vorn betrachtet keine seitliche Schräglage (Lungenschaden!).
Vitalität	Das Tier zeigt beim Aufnehmen entweder heftige Abwehrbewegungen oder kräftige Rückzugsreaktion in den Panzer.

Anschaffung und Eingewöhnung

Ein Schildkröte, die sich heftig wehrt, wenn man sie hochnimmt, ist meist gesund.

ist, sind Sie über eine Vorbestellung beim Züchter auf der sicheren Seite. Sie haben Zeit, ein geeignetes Aquarium bzw. Terrarium zu erstellen, sich mit der Biologie Ihres Pfleglings zu beschäftigen, und können dann schließlich Ihre Schildkröte ins »gemachte Nest« setzen.

Die richtige Jahreszeit für den Kauf

Schildkrötenarten, die überwintern (→ Porträts, ab Seite 10), sollten Sie grundsätzlich im Sommer – jedoch nicht vor Mai und nicht später als September - kaufen. Im Herbst können Sie nämlich nicht eindeutig beurteilen, ob eine »müde Schildkröte« nur reif für die Winterruhe

oder ob sie gesundheitlich angeschlagen ist. Sollten Sie das Pech haben, eine kranke Schildkröte zu erwerben, und diese dann einwintern, wird die Schildkröte das kommende Frühjahr kaum lebend erreichen.
Aus diesem Grund ist es auch nicht unbedingt zu empfehlen, frisch aus dem Winterschlaf erwachte Schildkröten zu erwerben. Wenn sie nämlich mit einem leichten Gesundheitsschaden eingewintert wurden, kann dieser nach dem Erwachen in den darauffolgenden vier bis acht Wochen erst richtig zur Auswirkung kommen. Schildkröten, die keine Winterruhe einlegen, weil sie aus tropischen Gebieten kommen, können Sie zu jeder Jahreszeit kaufen. Achten Sie bei diesen Arten aber stets darauf, daß die sehr zugempfindlichen tropischen Schildkröten im Winter absolut warm und sicher transportiert werden müssen (→ PRAXIS, Seite 30).
Hinweis: Den Gesundheitszustand der Schildkröte können Sie anhand der Tabelle auf Seite 19 überprüfen.

Alter der Schildkröte

Es gibt so manche Schildkröte, die nachweislich weit über 100 Jahre alt geworden ist. Das momentane Alter einer Schildkröte ist jedoch nur in jüngeren Jahren leicht zu schätzen. Wenn Sie die Endgröße Ihrer Schildkröte kennen (→ Porträts, ab Seite 10), dann ist sie mit etwa einem Drittel dieser Endgröße ungefähr drei Jahre alt. Nach weiteren drei Jahren ist sie etwa zwei Drittel so groß wie ein ausgewachsenes Tier. Allerdings kann dies nur eine grobe Berechnung sein, da die Wachstumsgeschwindigkeit stark von den Lebensbedingungen abhängt. Außerdem nimmt das Tempo des Wachstums mit zunehmendem Alter ab.
Hinweis: Es ist nicht möglich, das Alter einer Schildkröte an den »Jahresringen« der Rückenpanzerplatten abzulesen!

Terrarium für Sumpfschildkröten 21

Jung und schön: Im Alter verblassen leider die Panzerfarben vieler Schildkröten.

Die richtige Ausstattung

Je nachdem, für welche Schildkrötenart Sie sich entschieden haben, benötigen Sie für eine artgerechte Unterbringung ein Terrarium oder ein Aquarium mit einer hohen technischen Ausstattung (→ Wichtige Hinweise, Seite 63). In der Wohnung muß natürliches Licht und Sonne – beides für die Gesundheit der Schildkröte unentbehrlich – durch die Technik »künstlich« geschaffen werden. Wie wohl sich Ihre Schildkröte in ihrer Unterkunft fühlt, hängt außerdem natürlich von Größe und Gestaltung des Terrariums/Aquariums ab.

Terrarium für Sumpfschildkröten

In einem gut gestalteten Terrarium findet die Sumpfschildkröte einen »Abenteuerspielplatz« an Land vor und hat außerdem ein großes Badebecken zum ausgiebigen Schwimmen und Tauchen zur Verfügung (→ Zeichnung, Seite 24). Deshalb sollte das Terrarium wasserdicht sein. Ich empfehle Ihnen daher von vornherein, ein Aquarium anzuschaffen.
Für die Gestaltung ist es wichtig, die genauen Bedürfnisse Ihrer Schildkröte zu kennen. Eine gute Schwimmerin braucht viel Schwimmraum. Ein Tier, das gern unter Wasser klettert, braucht Kletterhilfen wie z. B. Steine, Wurzeln oder Sisal-Tauenden.
Für eine Sumpfschildkröte, die sich gern an Land aufhält, muß der Landteil mindestens 50 % der Grundfläche ausmachen.

Anschaffung und Eingewöhnung

Die Größe des Terrariums für ein Einzeltier berechnet sich folgendermaßen: Panzerlänge der erwachsenen Schildkröte (→ Porträts, ab Seite 10) in cm x 5 = Länge und Breite des Terrariums (Grundfläche). Erweitern Sie die Grundfläche um je ein Drittel für jedes weitere Tier.
Hinweis: Je größer die Grundfläche ist, um so besser für die Schildkröte. Außerdem läßt sich ein großes Terrarium interessanter dekorieren.
Der technische Aufbau richtet sich nach den Bedürfnissen der Schildkröte. Vor allem müssen Wasser- und Landteil beheizbar sein.

✔ Die nötige Wärme erzeugt folgende Konstruktion, die in der genannten Reihenfolge vom Boden des Terrariums nach oben zu schichten ist (→ Zeichnung, Seite 24): Eine Platte aus Preßkork (1 bis 2 cm dick) über die Hälfte bis ein Drittel der Terrariengrundfläche hinweg auf den Terrarienboden legen. Drei Lagen Aluminiumfolie in gleicher Größe mit der blanken Seite nach oben auf den Kork legen. Darauf kommt eine elektrische Heizmatte mit Thermostat (im Zoofachhandel erhältlich) von etwa gleicher Größe.
Hinweis: Als lokale Wärmequelle bietet sich auch ein »Wärmestein« (aus dem Zoofachhandel) an. Achten Sie bitte darauf, daß Kabel von Heizmatte bzw. Wärmestein in der Ecke des Terrariums nach außen geführt werden. Kabelansatz mit einer Steinplatte abdecken.

✔ Jetzt ein Badebecken aus Ton, Porzellan oder Metall so auf die Heizmatte stellen, daß Sie um den Rand des Beckens Natursteinplatten legen können. Sie verhindern damit, daß das Wasser zu schnell verschmutzt wird, und die Platten dienen gleichzeitig als Wärmeplatz.
Hinweis: Das Badebecken sollte je nach Anspruch Ihrer Schildkröte ein Drittel bis zur Hälfte der Grundfläche des Terrariums einnehmen. Ein- und Ausstieg ins Becken so gestalten, daß das Tier langsam ins Wasser gleiten kann. An der tiefsten Stelle sollte das Wasser etwa so hoch sein, daß es der Panzerbreite der Schildkröte entspricht. Sie kann nämlich ertrinken, wenn sie auf den Rücken fällt und ein zu flacher Wasserstand sie daran hindert, sich aufzurichten.

✔ Füllen Sie das übrige Terrarium jetzt mit einem Gemisch aus gewaschenem Flußsand feiner Körnung und gehäckselter Baumrinde auf (Mischungsverhältnis 1:1).

✔ Wurzeln und Steine so anordnen, daß sie die Schildkröte überklettern oder umlaufen muß. Schaffen Sie ihr auch ein Versteck.

✔ Als Wärmequelle von oben dient ein Spotstrahler (60 bis 100 Watt, je nach Abstand zum Tier).

✔ Zur allgemeinen Beleuchtung tagsüber können Sie eine Leuchtstoffröhre über dem Terrarium anbringen.

✔ Eine UV-Lampe (aus dem Zoofachhandel) ist bei der Aufzucht von Jungtieren nötig bzw. auch dann, wenn im Sommer keine Möglichkeit zur Freilandhaltung besteht.

Die Moschusschildkröte ist keine gute Schwimmerin. Sie braucht auch im Wasser immer Halt unter den Füßen.

Aquarium für Wasserschildkröten

Die Schlangenhalsschildkröte ist immer einen Schnappschuß wert. Hier beobachtet Sie aufmerksam den Fotografen.

Die Lampe etwa in einem Meter Abstand über dem Terrarium anbringen und mittags für ca. 15 bis 30 Minuten einschalten.
Hinweis: Spotstrahler und UV-Lampe nicht so installieren, daß eine Glasscheibe dazwischen liegt. Sie kann in der Hitze zerspringen. Das Ein- und Ausschalten der Lampen wird durch eine Zeitschaltuhr bequemer.
✔ Eine Bepflanzung im Terrarium ist nicht sinnvoll. Die Planzen würden schnell der Freßgier der Schildkröte zum Opfer fallen. Allerdings sieht es hübsch aus, das Terrarium von außen in Pflanzen »einzubetten«.
Damit die Pflanzen an dunklen Stellen im Wohnraum gedeihen, müssen Sie zusätzlich eine spezielle Pflanzenlampe (»HQL-Leuchte«, im Garten- oder Zoofachhandel erhältlich) installieren.

Aquarium für Wasserschildkröten

Informieren Sie sich zunächst, ob Ihre Schildkröte eine begeisterte oder eher eine weniger gute Schwimmerin ist (→ Porträts, ab Seite 10). Gute Schwimmer wollen möglichst viel Schwimmraum zur Verfügung haben. Also ist nicht nur die Grundfläche, sondern auch die Wasserhöhe Ihres Aquariums von Bedeutung. Der Wasserstand sollte mindestens 30 cm Höhe betragen, auf jeden Fall stets höher sein, als der Panzer breit ist, sonst kann Ihre Schildkröte in Rückenlage ertrinken. 50 cm Wasserhöhe sind komfortabel.

Anschaffung und Eingewöhnung

Die Größe des Aquariums für ein Einzeltier berechnen Sie folgendermaßen: Panzerlänge der erwachsenen Schildkröte (→ Porträts, ab Seite 10) in cm x 5 = Länge des Aquariums, Panzerlänge der Schildkröte x 3 = Breite des Aquariums. Diese Maße gelten für ein »nacktes« Aquarium ohne Dekoration. Schlagen Sie deshalb von vornherein etwa 30 % des Aquarienvolumens dazu und nochmals 30 %, wenn Sie eine zweite Schildkröte im Aquarium pflegen.

Der technische Aufbau ist einfach, wenn Sie sich mit einer Minimallösung begnügen.

✔ Der Glasboden wird mit einer dünnen Sandschicht bedeckt, damit er nicht spiegelt. Wenn Sie der Anblick nicht stört, tun es auch Schaumstoffwürfel, zwischen denen das Tier sich wohl fühlt.

✔ Ein Firstziegelbruchstück am Boden dient als Versteck, ein Moorkienholzast unter Wasser zur Orientierung und über Wasser als Sonneninsel.

Hinweis: Die Sonneninsel muß stets fest verankert sein und darf beim Ersteigen nicht kippen oder wackeln. Frei schwimmende Korkrindenstücke sind also tabu!

✔ Eine »Felswand« aus Natursteinplatten an der Rückwand des Aquariums sieht nicht nur hübsch aus, sondern bietet auch schlechten Schwimmern eine Kletterhilfe. PU-Montageschaum oder Fertigzement erhöhen den Zusammenhalt der Steinplatten. Lassen Sie einen schmalen Spalt von 3 bis 5 cm Breite zwischen Fels- und Rückwand, damit Sie später die Möglichkeit haben, angesammelten Schmutz leicht mit Hilfe eines Schlauches zu entfernen. Am

Hübsch eingerichtetes Sumpfschildkrötenterrarium mit großem Badebecken.

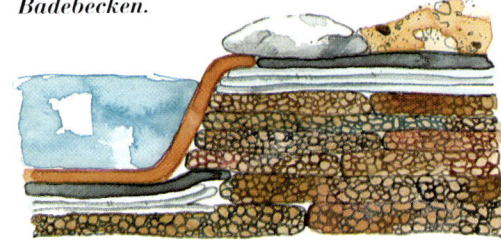

Für Wärme auf dem Boden sorgen Preßkork, Alufolie und eine Heizmatte.

Wasserschale.

Heizmatte.

3 Lagen Alufolie.

Korkplatte.

Sand-Rindengemisch.

Aquarium für Wasserschildkröten

besten stellen Sie vor der Montage eine Styroporplatte zwischen Felswand und Aquarienrückwand.

Hinweis: Jungtiere könnten in dem Spalt zwischen Felswand und Aquarienrückwand steckenbleiben und ertrinken. Deshalb den Spalt mit einem Styroporstreifen verschließen und ihn zum Reinigen entfernen.

✔ Die bequemste Methode, das Aquarienwasser zu heizen und gleichzeitig zu filtern, ist ein pumpenbetriebener Filter, der mit einem thermostatgesteuerten elektrischen Heizsystem ausgestattet ist. Achten Sie bei der Auswahl der Filterleistung darauf, ob Ihre Schildkröte eher ruhiges oder strömendes Wasser liebt (→ Porträts, ab Seite 10). Machen Sie die Förderleistung von den Ansprüchen der Schildkröte abhängig. Je mehr Wasser die Pumpe pro Minute fördert, um so stärker sind die Strömungen und Turbulenzen im Aquarium.

✔ Ruheplätze zum Sonnen müssen dicht unter- und oberhalb der Wasseroberfläche liegen und dürfen beim Besteigen weder nachgeben noch wackeln. Verbinden Sie zwei mit Zweikomponentenkleber auf Plexiglas geleimte, etwa 1 cm starke Korkplatten an allen vier Enden mit extra starkem Draht zu zwei Etagen. Der Draht muß in sich steif sein, damit die Insel nicht schaukelt. Befestigen Sie den Ruheplatz am Rand oder am Quersteg des Aquariums. Haltbarer als Kork, aber auch »kälter«, sind Eternit- oder Schieferplatten. Die untere Etage wird waagrecht unter Wasser so angebracht, daß die Schildkröte mit gerecktem Hals Luft holen kann. Die obere Etage schräg anbringen, so daß sie wie eine Rampe aus dem Wasser herausragt und von der Schildkröte leicht bestiegen werden kann.

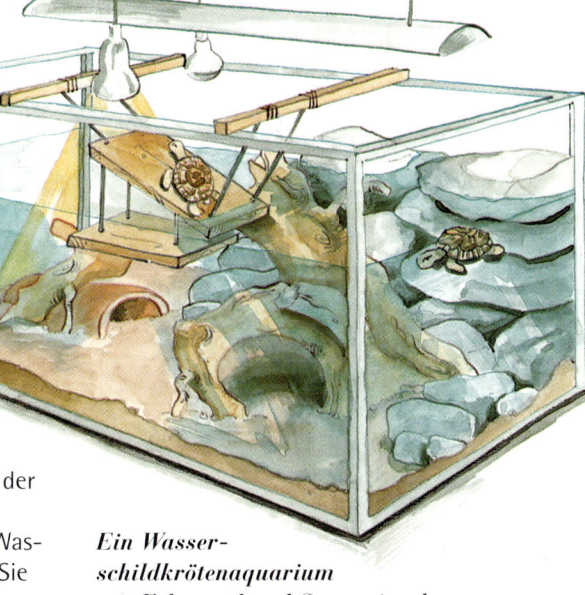

Ein Wasserschildkrötenaquarium mit Felswand und Sonneninsel.

Technik im Aquarium: Filter mit integrierter Heizung und Luftpumpe.

Anschaffung und Eingewöhnung

✔ Vor Zugluft schützt eine Glasabdeckung. Sie wird so angebracht, daß in der Mitte, wo die Sonneninsel hängt, eine Öffnung bleibt.
✔ Über der Öffnung werden ein Spot- und UV-Strahler sowie eventuell eine Leuchtstoffröhre zur allgemeinen Beleuchtung des Aquariums aufgehängt (→ Seite 22).

Wo Aquarium und Terrarium stehen sollten

Der Standort des Aquariums bzw. Terrariums muß bestimmte Kriterien erfüllen.
Es sollte hell sein: Ideal ist ein Platz unter dem Glasdach eines Wintergartens. Das natürliche Tageslicht kann von oben einfallen, und die Schildkröten nehmen am jahreszeitlichen Rhythmus durch die unterschiedlichen, wechselnden Tageslängen teil. Dies ist für viele Schildkröten ganz wesentlich zur Einstimmung auf die Winterruhe bzw. die Fortpflanzungsaktivitäten. Ähnlich gut wirkt sich auch ein großes Fenster im Zimmer aus. In einem dunklen Raum muß das Tageslicht mit seinen jahreszeitlichen Schwankungen durch ausreichende Beleuchtung simuliert werden.
Es muß ruhig sein: Ein Standort z. B. direkt neben dem Fernseher schadet dem Wohlbefinden der Tiere. Achten Sie auch darauf, daß sich keine Schwingungen auf das Terrarium/Aquarium übertragen (z. B. durch aufgedrehte Stereoanlage).
Es darf keine Zugluft herrschen: Vor allem in Fensternähe kann Zugluft jeder Schildkröte schaden. Auch der Fußboden ist kein Standort für Aquarium bzw Terrarium.

Die Freianlage im Garten

Ausreichend Licht und Sonne beugen unter anderem der gefürchteten Panzererweichung (Rachitis) bei Schildkröten vor. Viele Sumpf- und Wasserschildkrötenarten eignen sich auch in unseren Breiten im Sommer für eine Freilandhaltung. Ideal sind die Monate Juni bis August. Verfügen Sie allerdings in der Freianlage über ein Frühbeet mit Wärmequelle, können sich die Tiere bereits im Mai und auch noch im September »Frischluft« um die Nase wehen lassen.
Größe der Anlage: Damit das Wasser nicht so schnell verschmutzt, sollte der Teich ein Fassungsvermögen von mindestens 300 l haben.
Material: Für Teiche von 300 l bis etwa 1,5 Kubikmeter Fassungsvermögen empfiehlt sich ein Garten-Fertigteich (im Fachhandel erhältlich). Er hat den Vorteil, daß man nach dem Eingraben einen trittfesten und wasserdichten Teich zur Verfügung hat. Bei größeren Teichen läßt sich nach den üblichen Bauvorschriften auch ein Folienteich installieren.

Die Waldbachschildkröte ist ein Pflegling für erfahrene Schildkrötenhalter.

Schildkrötenfreianlage im Garten

Ausstattung: Aus dem Wasser sollte ein dicker Stamm herausragen, den die Schildkröte vom Wasser aus bequem erklettern kann. Bei Gefahr läßt sie sich dann einfach ins Wasser fallen.

Bepflanzung: Lediglich Schilf- und Rohrkolben einpflanzen. Alles andere wird gefressen, ebenso wie kleine Fische, Molche und Insektenlarven.

Filterung: Teiche bis 1,5 Kubikmeter Inhalt müssen, größere können gefiltert werden. Hierzu versenken Sie eine einfache Tauchpumpe am Boden des Teiches (wasserdichte Pumpen gibt es im Garten- und Zoofachhandel). Neben dem Teich stellen Sie einen »Teich-Außenfilter« entsprechend der Gebrauchsanweisung auf (Garten- und Zoofachhandel). Das gefilterte Wasser fließt aus dem Außenfilter in den Teich zurück. Sie können auch einen kleinen Bachlauf dazwischenschalten, sofern Sie Platz haben. Strömungsliebende Schildkröten werden diesen Bach dann sogar bevorzugt als Aufenthaltsort aufsuchen.

Teichbau: Ein Fertigteich sollte mit einer leichten Schräge eingebaut werden. Auf der tiefer stehenden Seite kann dann überschüssiges Wasser – etwa nach kräftigen Regengüssen – ablaufen. Entweder bewässern Sie mit dem überflüssigen Wasser Ihre Beete, oder Sie graben eine kleine Sickergrube in unmittelbarer Nachbarschaft. Ein Folienteich bekommt an geeigneter Stelle eine leichte Delle in die Oberkante, die als Überlauf dient.

Umfriedung: Die Umfriedung der Teichanlage darf für die Schildkröten nicht zu überwinden sein. Optisch ansprechend sind glattgehobelte und imprägnierte Bretter, die nicht immer als Rechteck oder Quadrat, sondern auch vieleckig um den Teich eingegraben werden können. Ebenso geeignet sind Beton- oder Rasenkantensteine, Metalltafeln oder Wellkunststoff (im Gartenfachhandel). Berechnen Sie die erforderliche Höhe so, daß eine erwachsene Schildkröte beim Aufrichten in einer Ecke mit ihren Vorderkrallen die Oberkante nicht erreicht. 50 bis 60 cm Höhe sind auch für große Schildkröten in der Regel ausreichend. Die Umfriedung muß allerdings auch mindestens 20 bis 30 cm tief eingegraben werden, da die Schildkröten sich möglicherweise sonst unter ihr hindurcharbeiten könnten.

Ein Maschenzaun ist deshalb nicht zu empfehlen, weil Schildkröten diesen als Kletterhilfe mißverstehen. Beachten Sie auch, daß Sie in der Nähe der Umfriedung keine Ausstiegshilfen in Form von größeren Ästen oder Steinen dekorieren.

Hinweis: Junge bzw. kleine Schildkröten unter 10 cm Panzerlänge werden leicht Beute von Mardern, Krähen oder Elstern, in Küstennähe auch von Möwen. Schützen Sie diese Tiere

---

TIP

Schildkröten »einfangen«

Nicht alle Sumpf- und Wasserschildkröten werden zahm. In großen Teichen wird daher das Einfangen nach Ende der »Saison« schwierig. Aus diesem Grund empfiehlt es sich, eine feste Futterstelle am Ufer einzurichten. Zu gegebener Zeit legen Sie ein Stückchen Fischernetz oder Vogelschutznetz so unter der Futterstelle aus, daß etwa 1 m^2 leicht von Ufersand bedeckt wird. Befestigen Sie Fäden an vier Enden und legen Sie die Enden in gebührendem Abstand außerhalb des Teiches bereit. Wenn die Schildkröte dann auf dem verschütteten Netz an ihr Futter möchte, ziehen Sie zu zweit an den Seilenden. Die Schildkröte sitzt im Netz und kann sicher ins Haus transportiert werden.

Anschaffung und Eingewöhnung

durch Überspannen der Anlage mit einem Vogelschutznetz oder einem Fischernetz.

Frühbeet: An einem Ende des Teiches, von der Sonne gut beschienen, errichten Sie ein Frühbeet mit Plexiglasscheiben. Es speichert durch den »Treibhauseffekt« auch bei längeren Schlechtwetterperioden genügend Wärme. Das Frühbeet wird so installiert, daß es mit dem Sockel, dem »Fuß«, etwas in die Wasseroberfläche eintaucht. Da es keinen Boden hat, kann die Schildkröte von unten in den geschützten, erwärmten Raum hineinschwimmen. Für zu kalte Tage, bei denen die Temperatur im Häuschen 26 °C nicht erreicht, installieren Sie eine Glühlampe (60 bis 80 Watt), die von der Decke hängen kann (→ Wichtige Hinweise, Seite 63). Befestigen Sie einen Ast im Frühbeet, auf dem das Tier sich unter der Lampe erwärmen kann.

Hinweis: Frühbeete sind montagefertig im Gartenfachhandel erhältlich. Die Plexiglasscheiben müssen Sie beim Glaser zurechtschneiden lassen. Man kann sie recht einfach in die Profile des Frühbeetes einstecken.

»Sommerfrische« auf Balkon und Terrasse

Auch ohne Garten können Sie Ihrer Schildkröte eine »Sommerfrische« schaffen, sofern Sie über einen Balkon oder eine Terrasse verfügen, die wenigstens zwei bis drei Stunden täglich von der Sonne beschienen wird und windgeschützt liegt (→ Zeichnung, Seite 29). Geeignet ist eine solche Anlage für eine Freilandhaltung ab Anfang Mai bis Ende September. Planen Sie die Anlage so groß, daß das Tier bei zuviel Sonne in den Schatten flüchten kann.

✔ Fertigen Sie zunächst eine Kiste aus Kanthölzern und Fichtenholzbrettern, Länge zwischen 1,60 m und 2 m, Breite 60 cm, Höhe bis Unterkante Fensterbank

Ein Frühbeet mit Wärmequelle ermöglicht eine zeitige Freilandhaltung.

Abwechslungsreich gestaltete Freianlage für Sumpf- und Wasserschildkröten.

Schildkrötenfreianlage auf Balkon und Terrasse

Auch auf einem Balkon können Sie es der Schildkröte gemütlich machen.

oder Balkongeländer. Damit die Kiste nicht so schnell durchfault, sollten Sie sie mit Teichfolie glatt ausschlagen und an den Kanten wasserdicht verkleben.

✔ Als »Deckel«, bei kälteren Temperaturen, dienen Plexiglasscheiben von je 1 m Breite, die auf einem Steg aus einer Dachlatte verschraubt sind. Verstauen Sie die Scheiben bei Nichtgebrauch einfach hinter der Kiste.

✔ Lassen Sie die Plexiglasplatte an der Vorderkante etwas überstehen (»Tropfkante«). Die Kiste sollte vorn 10 bis 15 cm niedriger sein als hinten, so daß die heruntergeklappten Glasscheiben schräg aufliegen, so mehr Sonne einfangen und der Regen besser ablaufen kann. Kontrollieren Sie die Temperatur sicherheitshalber stets mit einem Thermometer. Sie sollte den Angaben in diesem Buch entsprechen. Klemmen Sie im Zweifelsfall Holzstücke unter den Deckel, damit ein Luftaustausch stattfinden kann.

✔ Bauen Sie eine Sturmsicherung ein, indem Sie in die Traufkante der Plexiglasplatte ein Loch bohren, durch das Sie eine 5 mm starke Gummilitze (»Zeising« ohne Kugeln; Seglereibedarf) ziehen und unter mittlerer Spannung an einem Haken festmachen, den Sie an entsprechender Stelle in der Front der Kiste verschrauben. Das funktioniert nur bei Montage einer einfachen Gegenhalterung aus Metall, sogenannten »Möbelwinkeln«, die bereits vorgebohrte Löcher haben.

✔ Füllen Sie die Anlage 10 cm hoch mit Blähton auf. Als Teiche stellen Sie je nach Bedarf und Anzahl der Schildkröten ein bis zwei Mörtelwannen oder Fertigteichwannen darauf. Beachten Sie, daß der Teich etwa 30 cm unterhalb des Kistenrands endet, damit die Schildkröte nicht herausklettern kann.

✔ Weitere 20 bis 30 cm mit Blähton auffüllen.

✔ Auf die Blähtonschicht Gartenerde bis zum Teichrand geben.

✔ Bepflanzen und dekorieren Sie die Anlage nach eigenem Geschmack.

✔ Balkon so absichern, daß das Tier nicht abstürzen kann, wenn es doch einmal ausreißt.

Sturmsicherung. Gummilitze, Haken und Metallwinkel sichern die Deckel des Geheges.

PRAXIS EINGEWÖHNUNG

Der Transport
Sumpf- und Wasserschildkröten sind sehr empfindlich gegen Zugluft und Kälte. Wenn Sie ein Tier im Winter transportieren müssen, verpacken Sie es am besten in einen Schuhkarton. Legen Sie eine mit etwa 30 °C warmem Wasser gefüllte Wärmflasche in den Karton. Die Schildkröte selbst wird in einen Nesselleinensack eingepackt (Naht nach außen, damit sich das Tier nicht in den Fäden verheddern kann). Verschließen Sie den Sack mit einem Bindfaden. Setzen Sie nun das Tier im Sack auf die Wärmflasche. Schließen Sie den Karton mit dem Deckel und packen Sie eine Wolldecke um den Karton. So können Sie das Tier etwa eine Stunde durch die Kälte transportieren, ohne daß es Schaden nimmt.

Eine warme Verpackung ist besonders im Winter nötig. Schon ein paar Atemzüge eisiger Luft können das Tier todkrank machen.

Quarantäne ist wichtig
Die neuerworbene Schildkröte muß zunächst in Quarantäne, denn Sie sehen dem Tier nicht an, ob es von Würmern befallen ist oder an einer Infektion, verursacht durch Amöben, Bakterien oder Viren, leidet. Das finden Sie mit Hilfe von Kotproben heraus (→ Seite 31 oben). Die Schildkröte bleibt so lange in Quarantäne, bis ihr Gesundheitszustand für einwandfrei erklärt wurde.
<u>Vor der Quarantäne</u> gönnen Sie Ihrer Schildkröte am besten ein ausgiebiges Bad. Eine Sumpfschildkröte setzen Sie in eine große Schüssel, die nur so weit mit 26 °C warmem Wasser gefüllt ist, daß der Kopf der Schildkröte über den Wasserspiegel hinausragt. Die »Badezeit« beträgt 10 bis 20 Minuten. Eine Wasserschildkröte sollte ebenfalls baden, bevor sie ins Quarantäneaquarium gesetzt wird. So bleibt ihr Wasser im Aquarium wesentlich länger sauber.

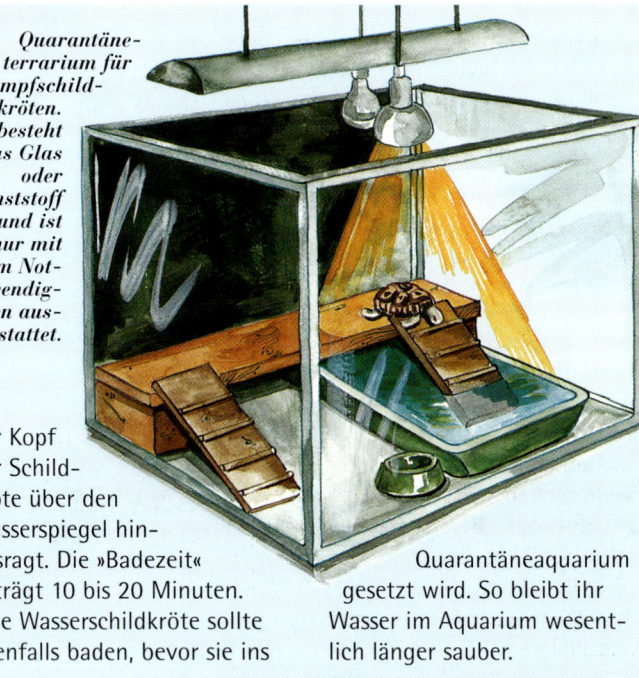

Quarantäneterrarium für Sumpfschildkröten. Es besteht aus Glas oder Kunststoff und ist nur mit dem Notwendigsten ausgestattet.

Quarantäne und Kotproben

Kotproben nehmen
Kotuntersuchungen werden entweder vom Veterinäramt oder von einem Tier-

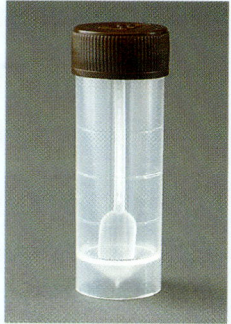

Solche Kotprobenröhrchen gibt es beim Tierarzt.

arzt durchgeführt. Sie benötigen drei Behälter, z.B. leere Filmdosen oder spezielle Behälter. Die Proben an drei aufeinanderfolgenden Tagen nehmen. Je ein Tropfen Wasser verhindert, daß die Probe austrocknet und damit für eine Untersuchung wertlos wird. Die älteste Probe sollte nicht älter als fünf Tage sein, wenn sie beim Tierarzt ankommt. Bis dahin die Proben im Kühlschrank aufheben, damit sie nicht verschimmeln.

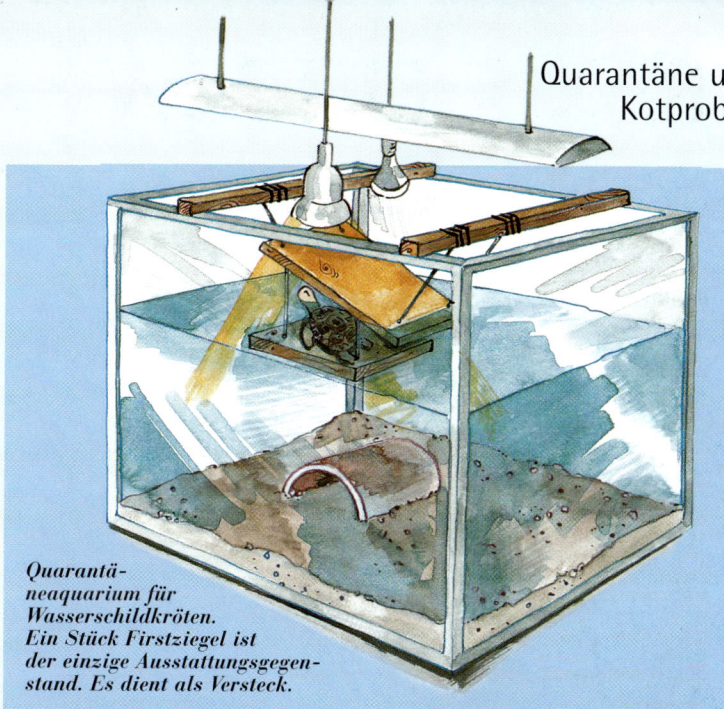

Quarantäneaquarium für Wasserschildkröten. Ein Stück Firstziegel ist der einzige Ausstattungsgegenstand. Es dient als Versteck.

Das Quarantänequartier
Ein Quarantäneterrarium bzw. -aquarium muß sehr spartanisch eingerichtet sein, damit man es leicht sauberhalten kann. In Schmutzecken sammeln sich Krankheitserreger und Wurmeier. Das Quarantäneterrarium für Sumpfschildkröten besteht aus einem Glasaquarium. Es wird lediglich mit einem entsprechend großen Badebecken und einem Futternapf ausgestattet. Zwei Ziegelsteine und ein Brett darüber sorgen für ein Versteck. Zwei »Rampen« aus Holz ermöglichen es dem Tier, zu klettern und in die Badeschale zu gelangen (→ Zeichnung, Seite 30). Das Quarantäneaquarium für Wasserschildkröten wird lediglich mit einem Stück Firstziegel, das als Versteck dient, ausgestattet. Als Ruheplatz dient die auf Seite 25 beschriebene »Sonneninsel«. Selbstverständlich muß das notwendige technische Zubehör für die Quarantänezeit an das Quarantäneaquarium angeschlossen werden (→ ab Seite 23).
Hinweis: Als Quarantäneaquarium kann auch eine einfache Kunststoff-Mörtelwanne aus dem Baumarkt dienen. Sie besteht aus schwarzem Kunststoff und faßt 50 bis 250 l. Sie wird ebenso einfach ausgestattet, wie für das Glasaquarium beschrieben.
Eine solche Wanne kann im Winter sogar als Überwinterungsquartier genutzt werden (→ Seite 36).

DER RICHTIGE UMGANG IM ALLTAG

Ermöglichen Sie Ihrer Schildkröte die gewohnte Winterruhe, ernähren Sie sie abwechslungsreich, schaffen Sie ihr die richtigen Bedingungen, wenn Sie züchten möchten, und zögern Sie nicht, im Krankheitsfall einen Tierarzt aufzusuchen. So haben Sie lange Freude an Ihrem Tier.

Schildkröten aneinander gewöhnen

Anfängern in der Schildkrötenhaltung rate ich grundsätzlich, zunächst nur ein Tier zu pflegen! Wer jedoch meint, er müsse sein Tier unbedingt vergesellschaften, sollte folgendes beachten:

✔ Achten Sie darauf, daß Sie ein bis zwei Sonnenplätze bzw. Verstecke im Terrarium/Aquarium mehr haben, als Tiere vorhanden sind.

✔ Alteingesessene Tiere verteidigen das gesamte Terrarium/Aquarium, manchmal recht heftig gegen Neulinge. In solch einem Fall wird das Tier mit den »älteren« Rechten für etwa 14 Tage ins Quarantäneterrarium/-aquarium gesetzt (→ Seite 31). Währenddessen kann sich das neue im Aquarium heimisch machen. Es gewinnt an Sicherheit und läßt sich nicht mehr so leicht einschüchtern.

✔ Sollte es trotz aller Maßnahmen zu nicht enden wollenden Kämpfen kommen oder traut sich ein Tier tagelang nicht mehr aus dem Versteck, frißt nicht und verkriecht sich nur, dann muß jede Schildkröte ihr eigenes Terrarium/Aquarium bekommen!

Winterruhe – ein wichtiges Thema

Schildkröten, in deren Heimat es im Winter kalt wird und das Futterangebot stark reduziert ist, überdauern diese unwirtliche Zeit, indem sie eine Winterruhe einlegen.

Während der Winterruhe sind alle Stoffwechselvorgänge, Herzschlag, Atmung und Bewegung so reduziert, daß die Tiere mit kleinen Fettreserven gut durch den meist kurzen Winter ihrer Heimat kommen.

In dieser Zeit wird also der Organismus der Schildkröte sehr geschont. Bei erwachsenen Schildkröten wirkt sich die Winterruhe auch sehr vorteilhaft auf das Fortpflanzungsverhalten aus.

Schildkrötenarten, die eine Winterruhe gewohnt sind, brauchen sie auch in der Obhut des Menschen. Eine gesunde Schildkröte können Sie bereits ab ihrem ersten Lebensjahr einwintern (z. B. eine Rotwangenschmuckschildkröte mit einem Körpergewicht von 20 bis 30 Gramm). Wichtig ist, daß Sie alle fünf bis sechs Wochen das Gewicht des Tieres kontrollieren. Nimmt es dabei insgesamt viel mehr als 10 % Gewicht ab, ist es wahrscheinlich krank und muß aufgeweckt werden (→ So erwacht die Schildkröte, Seite 37).

Die Moschusschildkröte klettert gern unter Wasser. Sorgen Sie für entsprechende Kletterhilfen.

Der richtige Umgang im Alltag

> ## TIP
>
> ### Vorzeitiges Erwachen aus der Winterruhe – was tun?
>
> Es kann vorkommen, daß Ihre Schildkröte sich zwar termingerecht in die Winterruhe verabschiedet, jedoch vor der veranschlagten Zeit wieder umherschwimmt und einen munteren Eindruck macht. Wiegen Sie zunächst das Tier und stellen Sie fest, ob es mehr als 10 % seines Gewichts verloren hat. Wenn ja, muß das Tier später zum Tierarzt gebracht werden. Setzen Sie nach dem Wiegen die Schildkröte zunächst wieder in ihr gewohntes Terrarium/Aquarium zurück und stellen Sie die üblichen Pflegebedingungen her (→ ab Seite 21). Nimmt die Schildkröte nach vorgeschriebener Zeit wieder die Nahrungsaufnahme auf (→ Seite 37), ist sie vermutlich gesund.

Die Überwinterungsdauer richtet sich nach dem Herkunftsland der Schildkröten. In vielen Tageszeitungen finden Sie die Tages-Durchschnittstemperaturen angegeben.
Für exotische Schildkröten aus Amerika oder Südostasien bedienen Sie sich bitte einer internationalen Zeitung. Liegen die Temperaturen dauerhaft unter 17 bis 18 °C, ist Zeit für die Winterruhe. Liegen sie dauerhaft darüber, können die Schildkröten noch, beziehungsweise wieder, aktiv sein.
In der Regel dauert eine normale Winterruhe des Tieres vier bis sechs Monate.
Hinweis: Jungtiere nicht länger als vier bis fünf Monate einwintern und dann aufwecken (→ So erwacht die Schildkröte, Seite 37).

Die Überwinterungsbereitschaft erkennen

Vor allem für den Anfänger ist es schwierig, zu erkennen, wann eine Schildkröte in die Winterruhe möchte. Wenn im Oktober Tageslängen und Lichtstärke deutlich abnehmen, wird die Schildkröte auffällig teilnahmslos und hat keinen Appetit. Sie schwimmt immer seltener umher und bleibt oft mit dem Kopf voran in der dunkelsten Ecke ihrer Unterbringung liegen. Jetzt darf sie kein Futter mehr erhalten, selbst wenn warme Tage die kalten noch einmal ablösen sollten. Die Schildkröte benötigt nämlich etwa eine Woche, um das zuletzt aufgenommene Futter zu verdauen und den Darm vor der Winterruhe zu entleeren.
<u>Die Winterruhe fällt aus</u>, wenn die Schildkröte krank ist und erst kuriert werden muß.
Hinweis: Wie Sie Ihre Schildkröte richtig überwintern, finden Sie auf den PRAXIS-Seiten 36 und 37 beschrieben.

Verweigerung der Winterruhe – was tun?

Auch wenn Ihre Schildkröte alt ist und seit Jahren nicht eingewintert wurde, versuchen Sie dennoch, das Tier in die Winterruhe zu schicken (→ Vorbereitungsmaßnahmen, Seite 36). Manchmal reagiert es nicht sofort mit Apathie oder Appetitlosigkeit auf z. B. das Ausschalten von Heizung und Beleuchtung im Terrarium bzw. Aquarium (→ PRAXIS-Seite 36/37). Das Tier bleibt munter. Setzen Sie die Schildkröte dann trotzdem in ihr vorbereitetes Überwinterungsterrarium bzw. -aquarium (→ PRAXIS-Seite 36/37). Warten Sie ab, ob es innerhalb einer Woche immer noch nicht zur Ruhe gekommen ist. Nimmt es dabei innerhalb von zwei bis drei Wochen 10 % ab, dann ist das Tier nicht überwinterungsfähig, weil es krank ist, und muß einem Tierarzt vorgestellt werden!

10 Goldene Regeln
des richtigen Umgangs

1 Informieren Sie sich über die Pflegebedürfnisse Ihrer Schildkröte und halten Sie sich daran (→ Porträts, ab Seite 10).

2 Ermöglichen Sie Ihrer Schildkröte eine Winterruhe, wenn sie sie braucht (→ Porträts, ab Seite 10).

3 Schicken Sie Ihre Schildkröte nicht in die Winterruhe, ohne vier Wochen vorher nochmals ihren Kot auf Wurmbefall hin untersuchen zu lassen und ihren Gesundheitszustand genau zu prüfen. Geschwächte Tiere könnten sonst die Winterruhe nicht überleben.

4 Achten Sie darauf, daß Ihre Schildkröte keine Zugluft abbekommt. Zugluft verursacht Erkrankungen, die oft tödlich enden.

5 Sorgen Sie dafür, daß das Wasser im Aquarium bzw. im Badebecken des Terrariums immer sauber ist. Hier können sich Bakterien und Viren ansammeln, die Erkrankungen hervorrufen.

6 Eine gesunde und abwechslungsreiche Ernährung beugt Krankheiten vor (→ Seite 38).

7 Achten Sie auf eine geregelte Vitaminzufuhr. Ein Zuviel an Vitaminen kann schlimme Krankheiten hervorrufen (→ Seite 51).

8 Halten Sie nicht zu viele Tiere in einem Aquarium. Die Wasserqualität kann sich schnell verschlechtern und Ihre Schildkröten krank machen.

9 Wenn sich zwei oder mehrere Schildkröten nicht miteinander vertragen, müssen die Tiere getrennt werden. Unverträglichkeiten erzeugen Streß und machen die Tiere krank.

10 Wichtig ist eine ausreichende Versorgung mit UV-Licht. Wer keine Möglichkeit hat, seine Schildkröte in einer Freianlage zu pflegen, muß im Terrarium/Aquarium die entsprechenden Bedingungen herstellen (→ ab Seite 21).

PRAXIS PFLEGE

Schildkröten-Kosmetik

<u>Krallen schneiden:</u> Zu lange Krallen bekommt eine Sumpf- bzw. Wasserschildkröte nur dann, wenn sie sich zu wenig bewegt und der Untergrund so weich ist, daß sie sich nicht die Krallen abwetzen kann. In diesem Fall müssen die Krallen geschnitten werden. Lassen Sie sich das Krallenschneiden von einem Tierarzt zeigen.

Hinweis: Die Männchen einiger Sumpfschildkröten, z.B. der Zierschildkröte (→ Porträts, ab Seite 10), tragen von Natur aus längere Krallen an den Vorderfüßen. Schneiden Sie diese Krallen keinesfalls ab! Sie sind ein Unterscheidungsmerkmal der Geschlechter und wichtig für Balzrituale (→ Seite 43).

<u>Zu lange Hornscheiden am Mundrand:</u> Sie bilden sich vor allem durch zu weiche Nahrung und müssen vom Tierarzt abgefeilt werden. *Pyxidea mouhoti* z.B. hat einen »Haken« am Oberschnabel, der unter anderem als Kletterhilfe dient. Keinesfalls einkürzen!

Sumpf- und Wasserschildkröten überwintern

✔ Im Zweifel etwa vier Wochen vor der Einwinterung die Schildkröte dem Tierarzt vorstellen und Kotproben mitnehmen (→ Seite 31).

✔ Ein Bad zur Darmentleerung ist nicht notwendig. Allerdings sind gründliche Entleerungen im Herbst Zeichen dafür, daß das Tier in die Winterruhe möchte.

✔ Heizung und Beleuchtung im Terrarium/Aquarium ausschalten. Filter und Belüftung können weiterlaufen.

✔ Warten, bis das Wasser Zimmertemperatur hat. Wassertemperatur für ein paar Tage auf unter 18 °C regeln.

✔ Wird die Schildkröte apathisch und frißt nicht mehr, wird sie in ihr Überwinterungsquartier gesetzt.

In einer Mörtelwanne finden Sumpf- und Wasserschildkröten ein ideales Winterquartier.

Pflegeutensilien

Es ist recht nützlich, einige Pflegeutensilien für die Schildkrötenhaltung anzuschaffen. Dazu gehören z.B. Einwegspritzen (ohne Nadel), die zum Eingeben flüssiger Medikamente benutzt werden.

Einwegspritze ohne Nadel zum Eingeben von flüssigen Medikamenten.

Mit Hilfe einer Krallenzange werden zu lange Krallen eingekürzt. Für zierliche Krallen gibt es im Laborfachhandel besondere Scheren.

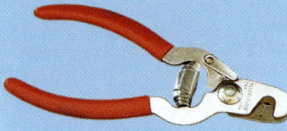

Spezielle Krallenzange zum Kralleneinkürzen.

Zecken können bei Sumpf- und Wasserschildkröten nur bei einer Freilandhaltung auftreten. Die Parasiten werden mit einer speziellen Zeckenzange herausgedreht.

Zeckenzange zum Herausdrehen von Zecken.

Geeignete Überwinterungsquartiere

Das Gemüsefach im Kühlschrank als Not-Überwinterungsquartier, falls Sie keinen kühlen Keller haben. Schaumstoffwürfel auf dem Boden simulieren ein künstliches Mulmbett.

Pflege der Unterkunft
<u>Sumpfschildkröten:</u> Täglich Kot und Urin aus dem Terrarium entfernen. Badebecken schrubben und mit frischem Wasser füllen.
<u>Wasserschildkröten:</u> Täglich Wasserwechsel bei kleinen Aquarien, wöchentlich bei großen Aquarien.

Ein geeignetes Überwinterungsquartier
In der Natur überwintern Sumpf- und Wasserschildkröten meist am Grunde von Gewässern. Als Heimtier findet die Schildkröte in einer Mörtelwanne ein Winterquartier (→ Zeichnung, Seite 35).
<u>Als Versteck</u> dient kleinen Schildkröten ein Firstziegel auf dem Wannenboden. Größere Tiere haben den »Höhleneffekt«, wenn Sie die Wanne oben zu einem Drittel mit Brettern abdecken.

<u>Der Wasserstand</u> darf nur so hoch sein, daß die Schildkröte mit vorgerecktem Kopf Luft holen kann.
<u>Die Wassertemperatur</u> kann zwischen 1 und 12 °C liegen, sollte jedoch nicht dauerhaft bei 12 °C liegen, sonst erwacht das Tier vorzeitig.
<u>Ein Wasserwechsel</u> ist etwa alle drei bis vier Wochen erforderlich. Das Wasser sofort wechseln, wenn es sich gelblich verfärbt oder sich eine weißliche Haut auf dem Wasser bildet.
Hinweis: Belüftung und Filterung sind während der Winterruhe nicht nötig. Es darf außerdem nicht gefüttert werden.

<u>Als Notquartier</u>, wenn Sie z. B. keinen kühlen Keller zur Verfügung haben, dient das Gemüsefach des Kühlschranks (→ Zeichnung, links). Die Scheibe über dem Gemüsefach mit luftundurchlässiger Folie abkleben. Ein zusätzliches Versteck ist nicht notwendig.
Hinweis: Probieren Sie aus, ob sich das Tier in einem künstlichen Mulmbett aus kleinen Schaumstoffwürfeln wohl fühlt. Die Würfel locker auf dem Boden des Überwinterungsquartiers verteilen.
<u>Der Wasserstand</u> entspricht dem in der Mörtelwanne (→ links).

So erwacht die Schildkröte
Je nach Herkunft des Tieres erwacht es nach vier bis sechs Monaten aus der Winterruhe. Tragen Sie dann das Überwinterungsquartier in ein temperiertes Zimmer (22 °C). Warten Sie, bis das Wasser Zimmertemperatur angenommen hat. Setzen Sie dann die Schildkröte in das gleich warme Wasser des Sumpfterrariums bzw. des Aquariums und schalten Sie Heizung und Beleuchtung ein. Erhöhen Sie die Temperatur allmählich im Verlauf mehrerer Tage auf die üblichen Werte. Nach zwei bis sieben Tagen wird das Tier aktiver und beginnt zu fressen.

Der richtige Umgang im Alltag

VERSORGUNG IM URLAUB

Kümmern Sie sich rechtzeitig um einen zuverlässigen Pfleger, der Ihre Schildkröte in ihrer gewohnten Umgebung versorgt.
Checkliste für die Urlaubsvertretung:
✔ Technik: Erläutern Sie, woran Defekte zu erkennen und wie sie zu beheben sind. Handgriffe für einfache Tests zeigen. Einfache Handgriffe zur Reparatur zeigen. Adresse eines fachkundigen Helfers hinterlassen.
Routinemäßige Wartungsarbeiten erläutern. Ersatzlampen bereitstellen. Im Sicherungskasten die Sicherungen benennen, die die elektrischen Anlagen absichern.
✔ Futter: Menge und Zusammensetzung aufschreiben. Häufigkeit und Zeitpunkt der Fütterung festlegen.
✔ Schildkröte: Normalverhalten erläutern, auf mögliche Besonderheiten im Verhalten hinweisen: Ist Balzzeit (→ ab Seite 42)? Steht eine Eiablage an (→ Seite 44)? Ist die Winterruhe gerade überstanden? Welche Krankheiten können auftreten (→ ab Seite 48)?
Hinterlassen Sie unbedingt die Telefonnummer eines Sachverständigen, des Tierarztes und Ihre Urlaubsadresse.

Gesunde Ernährung

Ginge nach dem Geschmack Ihrer Schildkröte, wären Forellenfilets oder Krabben das einzig Richtige. Doch solch eine Kost ist zu einseitig. Das Tier wird schnell fett und kann Mangelkrankheiten bekommen. Gewöhnen Sie deshalb Ihre Schildkröte von Anfang an an abwechslungsreiches Futter.

Das richtige Futter

Sumpf- und Wasserschildkröten sind Gemischtköstler, nehmen also sowohl pflanzliche als auch tierische Kost zu sich. In der Regel bevorzugen die meisten Arten jedoch fleischliche Nahrung (→ Porträts, ab Seite 10).
Als Grundnahrung eignen sich fettfreies Rinderhack, kleine Aquarienfische (Guppys) oder Filetstreifen von Süßwasserfischen. Auch Wasserschnecken, die Sie selbst in einem kleinen Aquarium züchten können (Zuchtansatz im Zoofachhandel erhältlich), nehmen die Schildkröten gern.
Zur Überbrückung von Urlaubszeiten können auch Trockenfutterpellets für Katzen verfüttert werden. Sie sind preiswert, enthalten Kalk, Vitamine und Fischfleisch - also genau das, was eine Sumpf- und Wasserschildkröte braucht. Leider enthalten die Trockenfutterpellets auch schwer verdauliche Fette, so daß dieses praktische Futter nicht als Alleinfutter verwendet werden sollte!
Hinweis: Reagieren Ihre Schildkröten auf das Katzentrockenfutter mit Durchfall, sollten Sie die Fütterung der Pellets so lange einstellen, bis sich die Verdauung normalisiert hat, und dann in geringerer Dosierung weiterfüttern.
Pflanzliche Beikost setzt sich zusammen aus: weichen Kräutern wie z. B. Petersilie, Melisse oder Basilikum, gut gewaschenen Salatblättern (Feldsalat, Löwenzahn, Kopfsalat), Gemüse wie

Gesunde Ernährung

Der fette Regenwurm ist für diese Karolina-Dosenschildkröte ein Leckerbissen.

einzelnen grünen Erbsen, Tomatenstückchen, Brokkoli, Blattspinat, Möhren und Obst wie Birne, Apfel, Erdbeeren, Himbeeren oder Banane.

Futterzusätze

<u>Mineralien und Spurenelemente</u> sind für eine gesunde Entwicklung der Schildkröte unverzichtbar. Kneten Sie zweimal wöchentlich handelsübliche Ergänzungsfuttermittel, wie z. B. Corvimin® oder Davinova® (beides beim Tierarzt erhältlich) in das Lieblingsfutter Ihrer Schildkröte. Jede Schildkröte, ganz gleich ob klein oder groß, bekommt nur so viel des Pulvers, wie Sie mit 5 mm Streichholzstiel aufnehmen können.
<u>Kalk</u> ist vor allen Dingen bei heranwachsenden Schildkröten für die Panzerbildung und bei erwachsenen Weibchen für die Eischalenbildung wichtig. Der Kalkbedarf kann durch zerriebene Hühnereierschalen oder Kalk in Pulverform (aus dem Zoofachhandel) gedeckt werden.

Hinweis: Bananen, Tomaten oder Pfirsiche enthalten viel Phosphor. Zuviel Phosphor kann bei Schildkröten Rachitis (Panzererweichung) verursachen, ebenso Calcium-Mangel. Ein gutes Calcium/Phosphor-Verhältnis beträgt für Schildkröten 3:1 bis 5:1. Durch Zusatz von Kalk kann die Wirkung von phosphorreicher Nahrung (z. B. Tomaten) ausgeglichen werden.

<u>Zusätzliche Vitamine</u> brauchen Schildkröten nicht, wenn sie mit frischem Fleisch (Tatar) und Fischfleisch ernährt werden. Auch bei einer Freilandhaltung während der Sommermonate

Der richtige Umgang im Alltag

So füttern Sie Ihre Schildkröte richtig

Wer?	Wie oft?	Wieviel?	Zu beachten:
Sumpf- und Wasserschildkröten (Jungtiere)	Täglich 1- bis 2mal.	Tagesration: 50 % der Menge, die das Tier maximal bei einer Mahlzeit aufnehmen könnte (→ Checkliste, Seite 41).	Für ein gesundes Knochenwachstum sind regelmäßige Gaben von Kalk, Mineralsalzgemischen und vitaminreiche Kost wichtig (→ Seite 39).
Sumpf- und Wasserschildkröten (halbwüchsig/erwachsen)	Jeden 2. Tag; bei erwachsenen Tieren jeden 2. bis 3. Tag im Wechsel.	50 % der Menge, die das Tier bis zur vollständigen Sättigung bei einer Mahlzeit aufnehmen könnte (→ Checkliste, Seite 41).	Eierlegende Weibchen benötigen für den Aufbau der Eischalen viel Kalk. Regelmäßige Kalkbeigaben in Form zerstoßener Eierschale ($1/5$ von einem normalen Hühnerei täglich) 4 Wochen vor bis 4 Wochen nach der Eiablage sind wichtig.

Goldene Fütterungsregel: Ob die Fütterung ausreichend ist, können Sie nur durch regelmäßige Gewichtskontrollen feststellen. Jungtiere alle drei bis vier Wochen (Briefwaage), ausgewachsene alle vier bis sechs Wochen wiegen. Eine Gewichtszunahme muß feststellbar sein. Bei Jungtieren ist sie prozentual höher als bei älteren Tieren.
Hinweis: Bei Gewichtsabnahme (außer nach Eiablagen und während der Winterruhe) ist die Schildkröte entweder krank, oder Sie müssen ihre Futterration erhöhen.

erübrigen sich in der Regel zusätzliche Vitamingaben. Da der Körper Vitamin A selbst herstellen kann, kann man ihm die Grundstoffe in Form von karotinreichen Futtermitteln (»Koi-Sticks« aus dem Zoofachhandel) zufüttern. Dieses Koi-Futter hat den weiteren Vorteil, daß es den Schildkröten eine prächtige Hautfärbung und eine schöne Ausbildung der gelben bzw. roten Fleckung und Streifung verleiht. Aber auch Blattspinat und Karotten enthalten viel Karotin, die Sie als Ersatz für Wasserpflanzen füttern können.
Hinweis: Eine Überdosierung an Vitaminen kann bei der Schildkröte schwere Gesundheitsschäden anrichten (→ Seite 51).

Die Männchen der Waldbachschildkröte verhalten sich untereinander sehr aggressiv.

Gesunde Ernährung

Spezialfutter selbst herstellen

Das folgende praxiserprobte Rezept ermöglicht Ihnen, immer einen Futtervorrat für Ihre Schildkröte parat zu haben. Es läßt sich portionsweise einfrieren und bei Bedarf auftauen.

Grundrezept für Fleischfresser (Wasserschildkröten): 75 % tierisches Eiweiß, das wiederum wie folgt zusammengesetzt ist: 30 % Süßwasserfisch, 30 % Herzfleisch (z. B. Rinderherz), 20 % Tintenfisch, 20 % Leber. Mit Garnelen oder Hühnerei (beides jeweils mit Schalen) können Sie die Geschmacksrichtungen oder die Zusammensetzung des Grundmaterials verändern. Die restlichen 25 % der Vollwertnahrung bestehen aus Kräutern, Karotten, Spinat, Brokkoli, Äpfeln, ungeschältem Reis oder Maisgries (gekocht), das Sie zu jeweils gleichen Teilen mischen können.

Zubereitung: Pflanzenteile und Eierschalen bzw. Garnelen gründlich unter fließendem Wasser waschen und zusammen mit Wasser in einem hochtourigen Mixer zu einem honigartig fließenden Brei pürieren. Dasselbe machen Sie mit dem Fleisch. Fleisch und Pflanzenteile gut miteinander vermischen und auf 80°C (Thermometerkontrolle!) erwärmen. Pro Liter Brei fügen Sie hinzu: einen gestrichenen Teelöffel Mineralsalzgemisch (→ Seite 39) und eine in Wasser aufgelöste Vitamin-Brausetablette.

Lassen Sie nun den Brei auf 60 °C abkühlen und geben Sie qualitativ hochwertiges Aspikpulver (nach Gebrauchsanweisung) dazu. Eine gute Qualität der Aspikgelatine ist wichtig, damit das Futter nach dem Erkalten fest genug wird.

Jetzt den Brei auf ein Backblech oder in eine flache Schüssel geben. Nach dem Erstarren schneiden Sie Tagesrationen für Ihre Schildkröte und verpacken sie einzeln in Plastikbeutel. Die Futterrationen nun in den Tiefkühlschrank legen und nach Vorschrift einfrieren.

Checkliste
Fütterungsregeln

1 Sumpf- bzw. Wasserschildkröten immer im Wasser füttern.

2 Die richtige Nahrungsmenge: Junge Schildkröte (bis zu einem Jahr) einen Tag, erwachsene zwei Tage hungern lassen. Vom Lieblingsfutter so viel abwiegen, wie Sie für richtig halten. Die Schildkröte so lange füttern, bis sie ihre erste Gier verliert und langsamer frißt. Von da an nur noch 50 % der aufgenommenen Menge füttern!

3 Eingefrorenes Futter auftauen und auf Wassertemperatur bringen.

4 Durch regelmäßiges Wiegen die Gewichtszunahme kontrollieren. Quillt beim Einziehen der Beine die Haut blasenförmig aus dem Panzer hervor, ist die Schildkröte zu fett. Futtermenge dann um 30 bis 40 % so lange vermindern, bis die Fettvorräte aus der Unterhaut abgebaut sind.

5 Futtermittelwechsel »schleichend« vornehmen. Unter das bevorzugte Futter immer größere Anteile des gewünschten Futters mischen.

Der richtige Umgang im Alltag

Wenn Schildkröten Nachwuchs bekommen

Immer häufiger ist es in den letzten Jahren gelungen, Schildkröten in der Obhut des Menschen nachzuzüchten. Bedenken Sie jedoch vor der Zucht, daß Sie die erforderlichen Papiere für den Verkauf von Jungtieren nur dann erhalten, wenn Ihre Tiere bei der örtlichen Naturschutzbehörde gemeldet sind.

Geschlechtsreife

Die Fähigkeit zur Fortpflanzung hängt nicht allein vom Alter ab, sondern auch von den günstigen Lebensbedingungen, die rasches Wachstum und eine frühe Geschlechtsreife fördern.

Schlangenhalsschildkröten paaren sich ausschließlich im Wasser.

Europäische Landschildkröten sind in der Regel bereits in einem Alter von drei bis fünf Jahren geschlechtsreif.
Europäische Sumpfschildkröten erlangen erst mit zehn bis zwölf Jahren die Geschlechtsreife.
Viele Arten pflanzen sich in einem Alter fort, das zwischen den beiden genannten Extremen liegt.
Die Paarungzeit der tropischen und subtropischen (subtropisch = europäisch bzw. nordamerikanisch) Schildkröten liegt meist zwischen Ende April und Ende Mai. Sie wird im Frühjahr durch die zunehmende Tageslänge ausgelöst.

Das Paarungsverhalten

Einige, mehr landlebende, Sumpfschildkröten balzen an Land ähnlich wie die Landschildkröten, paaren sich jedoch bevorzugt im Wasser, wie z. B. die Schmuck-Dosenschildkröte (→ Seite 15). Wasserschildkröten nutzen für ihre Balzrituale ihren gesamten Schwimmraum aus. Werbende Schmuckschildkröten-Männchen schwimmen die Weibchen an, strecken zitternd die Vordergliedmaßen nahe am Kopf der Auserwählten aus und streichen mit den langen Krallen der Vorderfüße daran entlang. Verbunden ist dieses Verhalten mit einer einleitenden, ausgiebigen Geruchskontrolle, die auch unter Wasser möglich ist. Der Geruch und das Balzspiel sind bei jeder Art anders, so daß eine Verwechslung, also eine Kreuzung verschiedener Arten, zumindest in freier Wildbahn fast ausgeschlossen ist.

Bei anderen Arten folgt auf das Beriechen im Wasser ein heftiges Kopfnicken des Männchens. Es beißt dann nach dem Weibchen, das den Kopf im Panzer verbirgt. Anschließend hält sich das Männchen mit seinen Krallen am Panzerrand des Weibchens fest, um sich mit ihm zu paaren. Weichschildkröten dagegen haben nur ein schwach ausgeprägtes »Vorspiel«.

Hinweis: Ist das Weibchen nicht in Paarungsstimmung zu bringen oder hat das Männchen einen zu ausgeprägten Sexualtrieb, kann das Männchen so zudringlich werden, daß das Weibchen nicht mehr zum Fressen kommt und außerdem durch die Bisse verletzt wird. Dann das Männchen für einige Wochen vom Weibchen trennen!

Die junge Schlangenhalsschildkröte schlüpft nach etwa 90 Tagen aus dem Ei.

Die Befruchtung der Eier

Das Männchen hat seinen Samen bereits im vorausgegangenen Sommer ausgebildet und während der Winterruhe gespeichert.

Das Weibchen legt seine Eier ebenfalls im Sommer an und schließt die Entwicklung nach der Winterruhe im Frühjahr ab. Bevor es die Schale ausbildet, werden die Eier befruchtet. Dazu ist nicht jedes Mal eine Paarung notwendig, denn manche Weibchen können den einmal aufgenommenen Samen bis zu vier Jahre speichern! Das gilt es vor allem zu beachten, wenn Sie eine erwachsene Schildkröte erwerben, die, obwohl bei Ihnen als Einzeltier gehalten, nach ein bis drei Jahren befruchtete Eier legen kann.

Erfolgreich züchten

Für eine erfolgreiche Schildkrötenzucht müssen Sie einige Dinge beachten und einhalten:

✔ Lassen Sie Ihre Schildkröten von Anfang an eine geordnete Winterruhe durchmachen, sofern dies im Steckbrief angezeigt ist (→ ab Seite 10).

✔ Pflegen Sie, wenn möglich, Ihr Pärchen von Juni bis August in einer Freianlage. In einem warmen Sommer werden Sie bald durch eine erfolgreiche Nachzucht belohnt werden.

Wer seinen Schildkröten keine Freianlage im Garten oder auf dem Balkon bieten kann, muß bei einer reinen Terrarienhaltung folgendermaßen fördernd eingreifen:

1. Trennen Sie die Tiere ein bis zwei Monate vor dem geplanten Paarungstermin, indem Sie sie außer Sicht-, Hör- und Riechweite unterbringen, und führen Sie sie dann wieder zusammen. Dies hilft vor allen Dingen bei Schildkrötenarten, die keine Winterruhe absolvieren. Bei Arten, die eine Winterruhe hatten, war die Trennung bereits gegeben.

Der richtige Umgang im Alltag

2. Verkürzen Sie Brenndauer von Spotstrahler und Beleuchtung im Terrarium drei Monate vor der Paarungszeit auf etwa sechs Stunden pro Tag. Nach zwei Monaten beginnen Sie dann, über drei bis vier Wochen hinweg die Besonnungsdauer auf ein Maximum von zwölf Stunden zu steigern.

3. Verfahren Sie entsprechend mit den Temperaturen im Terrarium. Drei Monate vor dem veranschlagten Termin, also zeitgleich mit Verkürzung der Bestrahlungsdauer, senken Sie die Temperaturen auf ein Niveau, das vier bis fünf Grad unter den als Obergrenze angegebenen Wasser- und Lufttemperaturen im Steckbrief vermerkt ist (z. B. sind 24 bis 26 °C als Haltungstemperatur angegeben, lassen Sie die Temperatur auf etwa 22 °C sinken). Zusätzliche Wärmequellen wie Spotstrahler oder Heizmatte im Boden bleiben dabei ausgeschaltet.

4. Beginnen Sie dann, mit der Verlängerung der Beleuchtungsdauer auch die Temperatur schrittweise über drei bis vier Wochen hinweg zu erhöhen. Schalten Sie in der letzten Woche stundenweise den Spotstrahler dazu.

5. Bei mehr landlebenden Sumpfschildkröten lassen Sie in der letzten Woche vermehrt »Frühlingsregen« niedergehen. Sprühen Sie dazu zweimal täglich ausgiebig mit Hilfe einer Blumenspritze das Terrarium und die Schildkröte ab. Dadurch erhöht sich die Luftfeuchtigkeit im Terrarium. Zusammen mit der zunehmenden Temperatur ist das ein weiterer guter Auslöser für den Paarungstrieb.

Hinweis: Verwenden Sie zum Sprühen Regenwasser oder entkalktes Wasser. Mit der Zeit bilden sich sonst häßliche Kalkflecken an den Terrarienscheiben, die nur mühsam zu entfernen sind.

6. Wenn Sie zugleich mit dem Hochfahren der Temperatur den Schildkröten frisches, zartes Futter anbieten, werden die Tiere kaum umhinkönnen, den Frühling wahrzunehmen, und erst mit den Paarungsspielen, dann mit der Paarung selbst beginnen.

Die Ablage der Eier

Alle Schildkröten vergraben ihre Eier an Land. Für die Eiablage müssen Sie deshalb Ihrer Wasserschildkröte die Möglichkeit geben, das Wasser verlassen zu können und ihre Eier an Land abzulegen. Sumpfschildkröten vergraben ihre Eier in der leicht feuchten Sandzone ihres Terrariums, sofern die Sandhöhe mindestens der Panzerlänge des Tieres entspricht.

Hinweis: Auf den PRAXIS-Seiten 46 und 47 habe ich Ihnen beschrieben, wie eine ideale Eiablagemöglichkeit für Sumpf- und Wasserschildkröten aussieht und wie die Eier künstlich erbrütet werden.

Die Haltung in einer Freianlage hat einen positvien Einfluß auf die Fortpflanzung.

Aufzucht der Jungtiere

Der Schlupfvorgang dauert bei Schildkröten ein bis drei Tage. Lassen Sie die Tiere während dieser Zeit unbehelligt.

Die Jungen können darüber hinaus auch noch einige Tage in der Brutbox bleiben, bis ihr Dottersack am Bauchnabel zurückgebildet ist (→ Brutbox, Seite 46). Voraussetzung ist natürlich, daß die Brutkammer groß genug ist.

Die frisch geschlüpften Jungtiere werden grundsätzlich getrennt von den Elterntieren aufgezogen. Die Lebensbedingungen wie Lichtverhältnisse, Temperatur und Futter sind mit denen der erwachsenen Tiere identisch. Allerdings fressen die Jungtiere nicht gleich nach dem Schlupf. Etwa eine Woche wird vergehen, bis sich ihr Stoffwechsel von der Verdauung des Dotters auf die Verdauung fester Nahrung umgestellt hat.

Das Futter sollten Sie klein schneiden, damit es für die Jungtiere gut zu greifen ist. Sorgen Sie für eine geregelte Kalk- und Vitaminzufuhr (→ Seite 39). Übertreiben Sie die Vitaminversorgung jedoch nicht! Sie wirkt sonst ebenso schädlich wie eine Unterversorgung, und Ihre jungen Schildkröten könnten krank werden (→ Seite 51).

Hinweis: Im Sommer können Sie junge Sumpfschildkröten mit lebenden Wasserflöhen, Bachflohkrebsen, Roten Mückenlarven und Tubifex (im Zoofachhandel erhältlich) ernähren.

TIP

Sind die Eier befruchtet oder unbefruchtet?

Ob ein Schildkrötenei befruchtet ist oder nicht, läßt sich durch folgenden kleinen Test leicht feststellen: Halten Sie das Schildkrötenei mit der Markierung nach oben (→ Seite 46) zwischen Daumen und Zeigefinger. »Durchleuchten« Sie das Ei mit Hilfe z. B. einer Schreibtischlampe.

Bei befruchteten Eiern erkennen Sie jetzt im Inneren anfangs Blutgefäße, im späteren Entwicklungsstadium einen größer werdenden dunkleren Innenbereich.

Unbefruchtete Eier zeigen zwei unterschiedlich helle Bereiche, nämlich eine ganz helle Luftblase und eine etwas dunklere Partie, die aus einem trocknenden Dotter besteht. Befruchtete Eier nehmen darüber hinaus an Gewicht zu, während unbefruchtete durch Austrocknung langsam leichter werden.

Machen Sie sich keine Vorwürfe, wenn ein Embryo im Ei abstirbt. Das hat in der Regel nichts mit der künstlichen Erbrütung der Eier zu tun. Vielmehr liegt es oft daran, daß das Elterntier unzureichend mit Vitaminen oder anderen lebenswichtigen Stoffen versorgt war und der Embryo durch den Mangel dieser Stoffe im Ei schwach bleibt und letztlich abstirbt. Das kann auch noch kurz vor dem Schlupf geschehen. Sollten Sie derartiges erleben, dann überprüfen Sie Ihre Haltung genau, und verbessern Sie die Versorgung des Muttertieres mit Vitaminen, Spurenelementen und natürlichem Sonnenlicht.

PRAXIS ZUCHT

Eine ideale Bruttemperatur entwickelt sich in diesem Kunststoffaquarium.

Die sichere Brutkammer
Sie besteht aus einem Kunststoffaquarium, in dem zwei Ziegelsteine hochkant plaziert sind. Bis kurz unter die Oberkante der Ziegelsteine Wasser auffüllen. Auf die Ziegelsteine eine Klarsichtkunststoffdose stellen, in der die Eier liegen (→ Beschreibung, rechts). Das Wasser mit einem einfachen Aquarienheizer erwärmen, so daß eine Kammertemperatur von 28 °C entsteht. Das Aquarium mit einer Glasscheibe abdecken und durch Einschieben eines kleinen Holzkeiles schräg stellen, so daß Kondenswasser an der Scheibenunterseite abfließen kann.
Als Notbrutkammer eignet sich ein Blumentopf aus Ton, der mit Sand aufgefüllt wird. Die Eier wie beschrieben darauf betten und das

Notbrutkammer aus einem mit Sand gefüllten Tonblumentopf, über den eine Glasscheibe gelegt wird.

Ganze mit einer Glasscheibe abdecken. Ein Streichholz, zwischen Glasscheibe und Blumentopfrand gesteckt, sorgt für den nötigen Luftaustausch. Den Sand leicht feucht halten. Dazu den Topf auf einen Untersetzer stellen und wenig Wasser nachgießen. Den Topf mit den Eiern in einen warmen Raum (27 °C) stellen. So sind die Eier vor dem Austrocknen geschützt, bis eine sichere Brutkammer vorhanden ist.

Möglichkeiten zur Eiablage
Sumpfschildkröten: Ein Eiablagekasten für Notfälle besteht aus einer Kunststoff-Mörtelwanne (→ Zeichnung, Seite 36), die halb mit Sand gefüllt wird. Stellen Sie sie an einen warmen, teilweise besonnten Platz im Zimmer und lassen Sie die Schildkröte dort graben. Ein Brett, das die Hälfte der Wanne abdeckt, erzeugt einen Höhleneffekt, der der Schildkröte die gewünschte Sicherheit bei der Eiablage simuliert. Sumpfschildkröten vergraben ihre Eier auch im Terrarium.
Wasserschildkröten: Stellen Sie am besten eine mit Sand gefüllte Kiste so neben das Aquarium, daß die Schildkröte das Wasser verlassen und über eine Rampe in die Kiste hineinklettern kann.
Die Sandhöhe entspricht der Panzerlänge. Durch geeignete Aufbauten z. B. aus Plexiglas müssen Sie dafür sorgen, daß das Weibchen nicht abstürzen kann (→ Zeichnung oben).
Nach der Eiablage nehmen Sie die Eier – es können bis zu sechs Stück und mehr sein – und markieren sie mit einem weichen Bleistift an der Oberseite.
Die Eier dürfen während der gesamten Brutdauer nicht mehr gedreht werden, da der Keim sonst von seinem Dotter

Die künstliche Erbrütung der Eier

Aquarium für Wasserschildkröten mit Eiablagekasten. Der Kasten ist über einen Steg zu erreichen. Der Aufsatz aus Plexiglas schützt vor dem Absturz.

wenn sie zu naß werden. Die Dose deshalb mit einer Seite etwa auf eine Streichholzschachtel oder einen ähnlich hohen Gegenstand stellen, so daß sie insgesamt schräg steht und das Kondenswasser am Inneren des Deckels zur Kante hin ablaufen kann. Um die Luftfeuchtigkeit zu messen, ist ein Hygrometer im Aquarium hilfreich, das Sie mit einem dünnen Draht an die Wand hängen. Zeigt es 95 bis 100 % Luftfeuchtigkeit an, können Sie auch völlig auf den Deckel der Brutbox verzichten.

erdrückt wird und abstirbt. Hilfreich ist auch die Numerierung der Eier, falls es zu mehreren Eiablagen über einen längeren Zeitraum kommt. Sie erleichtert Ihnen später die Beurteilung, wann in etwa mit dem Schlupf der Jungtiere zu rechnen ist.
<u>Als Brutbox</u> dient eine Klarsichtdose aus Kunststoff. Den Boden 5 mm hoch mit Wasser füllen und zur Hälfte mit Vermiculit ® (Isolationsstoff aus der Baubranche) auffüllen. Die Eier zur Hälfte in das Vermiculit betten und die Dose mit einem passenden Deckel verschließen. Im Innern der Dose entwickelt sich die notwendige Luftfeuchtigkeit von 100 %.
Lüften Sie den Deckel einmal täglich mit drei bis vier kurzen Schwüngen, um Frischluft in die Brutkammer zu fächeln. Achten Sie auch darauf, daß das Kondenswasser am Deckel nicht auf die Eier tropft. Sie könnten absterben,

Hinweis
Das Schlüpfen der Jungtiere erfolgt nach 30 Tagen (bei Weichschildkröten), kann jedoch auch 90 Tage (bei Schmuckschildkröten) oder 150 Tage (bei Schlangenhalsschildkröten) dauern.

Manche Schildkröten legen nur einmal Eier ab, andere in Abständen von 5 bis 14 Tagen.

Gesundheitsvorsorge und Krankheiten

Die meisten Krankheiten, die Schildkröten als Heimtiere bekommen, sind auf Pflegefehler zurückzuführen. An den ersten Stellen der Krankheitsursachen stehen Zugluft (→ Seite 35), Mangel an den nötigen Wärmequellen (→ ab Seite 21), falsche Ernährung und Mineralstoffmangel bzw. -überversorgung (→ ab Seite 38). Auch unsaubere Haltung kann zu schwerwiegenden Erkrankungen führen.

Wichtige Hygienemaßnahmen

Sumpfschildkröten: Badebecken mit verschmutztem Wasser und nasse Sandzonen, die das Becken umgeben, sind wahre Brutstätten für Magen- und Darmwürmer, deren Eier und Larven und für Amöben und Bakterien aller Art. Deshalb das Badebecken täglich reinigen und frisches Wasser auffüllen. Halten Sie den Boden der Umgebung trocken. Am besten geschieht das durch das Verlegen von Steinplatten, die von einer Bodenheizung erwärmt werden (→ ab Seite 21).

Wechseln Sie den Sand, der das Wasserbecken umgibt, häufig aus (entsprechend der Verschmutzung durch die Schildkröte alle vier bis acht Wochen).

Wasserschildkröten: Für sie ist sauberes Aquarienwasser das Wichtigste. Kot und sich zersetzende Futterreste können die Wasserqualität so verschlechtern, daß das Tier krank wird. Vorbeugend sollten Sie wenige Tier in möglichst viel Wasser halten. Kot und Futterreste umgehend aus dem Wasser entfernen und für einen Filter mit sehr guter Filterleistung sorgen (→ Seite 25).

Schildkröten als Krankheitsüberträger

Es gibt zahlreiche Parasiten wie z. B. Amöben, die im Körper der Schildkröte bzw. allgemein in wechselwarmen Tieren leben. Diese Parasiten können jedoch nicht im Körper eines Menschen bei einer konstanten Körpertemperatur von 37 °C gedeihen. Aus diesem Grund ist die Gefahr einer Krankheitsübertragung sehr gering. Wenn Sie Ihre Schildkröte wurmfrei halten und vorsorglich ihren Kot zweimal pro Jahr vom Tierarzt auf Parasiten hin untersuchen lassen, die notwendigen hygienischen Maßnahmen im Terrarium durchführen und sich nach jeder Arbeit im Terrarium die Hände waschen, besteht keinerlei Gefahr für Ihre Gesundheit.

Die häufigsten Krankheiten

Schildkröten sind stumme Hausgenossen, die sich bei Schmerzen nicht durch Laute äußern können. Beobachten Sie deshalb Ihr Tier genau. Wenn Sie außergewöhnliche Verhaltensveränderungen wie z. B. Apathie oder Appetitlosigkeit oder äußerliche Veränderungen wie beispielsweise geschwollene Augenlider feststellen, sollten Sie nicht zögern, Ihre Schildkröte sofort einem Tierarzt vorzustellen.

Eine gesunde Schildkröte kann sich ohne Ihre Hilfe aufrichten, wenn sie abgestürzt ist.

Die häufigsten Krankheiten

Seltene Nachzucht. Ein Jungtier der Großkopfschildkröte.

Durchfall
<u>Anzeichen:</u> Breiig-schleimiger Kot, Alarmzeichen, wenn dem Kot Blut beigemengt ist.
<u>Mögliche Ursachen:</u> Falsche Fütterung, Protozoen-, Wurm- oder Pilzinfektion.
<u>Behandlung:</u> Stellen Sie das Tier umgehend dem Tierarzt vor und nehmen Sie Kotproben mit (→ Seite 31). Nur der Tierarzt kann abklären, welche Ursache der Erkrankung zugrunde liegt.

Atemnot
<u>Anzeichen:</u> Mit vorgestrecktem Hals und weit geöffnetem Maul läßt die Schildkröte fiepende, stöhnende oder schnarchende Geräusche hören, zwischendurch senkt sie immer wieder müde den Kopf. Wasserschildkröten liegen meist unter der Wärmelampe und atmen mit offenem Maul.
<u>Mögliche Ursachen:</u> Lungenentzündung; Verstopfung; Legenot (→ Seite 51); Aufgasung von Magen oder Darm; Blasenstein oder Harnsäureklumpen, die eine Entleerung der Analblase verhindern; Ödeme durch Nieren- oder Herzerkrankung.
<u>Behandlung:</u> Sie dürfen das Tier keinesfalls erwärmen! Die damit verbundene Erhöhung des Stoffwechsels kann akut lebensgefährlich sein! Am besten sofort mit der Schildkröte einen Tierarzt aufsuchen, denn nur er kann eine genaue Diganose stellen.
Hinweis: Zu atmungsbehindernden Belägen im Maul kann es durch Pilz-, Bakterien- oder Her-

Der richtige Umgang im Alltag

Die Mississippihöckerschildkröte sperrt den Mund nach einem Leckerbissen auf.

pesinfektionen kommen. Herpes verläuft meist tödlich. Nur eine sofortige Quarantäne, Hygiene und Desinfektionsmaßnahmen können dann den Restbestand retten.

Geschwollene Augen

Ursache: Fremdkörper im Auge, Verletzungen, Zugluft, Vitamin-A-Mangel.
Vitamin-A-Mangel tritt fast nur bei Wasserschildkröten auf. Hierbei kommt es zu einer verstärkten Abschilferung von Zellen der über den Augen liegenden Harder'schen Drüsen. Der Lidspalt füllt sich dann mit einer undurchsichtigen, weißen Masse verklebter Zellen. Die Schildkröte sieht nichts mehr und stellt die Futteraufnahme ein. Ihre Augenlider wölben sich froschartig vor, und sie reibt sich immer wieder mit den Vorderbeinen über die Augen.

Behandlung: Nur durch den Tierarzt. Er wird die Augen der Schildkröte mit einer kleinen Tränenkanüle freispülen und ihr gegebenenfalls Vitamin A spritzen. Vorbeugend sollten Sie für eine abwechslungsreiche Fütterung sorgen (→ Seite 38).

Panzerverletzungen

Ursache: Meist Unfälle.
Behandlung: Oberflächliche Hornabschürfungen sind harmlos. Ist die Wunde jedoch so tief, daß sie bis zum Knochen durchgeht, muß die Schildkröte zum Tierarzt gebracht werden. Er entfernt das infizierte Gewebe und behandelt die entstandene Knochenwunde täglich.

Mineralstoffmangel

Anzeichen: Die Schildkröte nimmt Sand oder Kies in größeren Mengen auf.
Mögliche Ursache: Mineralstoffmangel.
Abhilfe: Sorgen Sie für eine ausreichende Versorgung mit Mineralstoffen (→ Seite 39). Vermindert man die Aufnahme von Sand und Kies nicht, kann es zu Verstopfungen des Magen-Darm-Traktes mit Todesfolge kommen.

Vitamin-A-Vergiftung

Anzeichen: Häutung bis aufs »rohe« Fleisch.
Behandlung: Nur durch den Tierarzt. Das Tier muß sehr sauber gehalten (Infektionsgefahr!) und gut gefüttert werden. Bringen Sie einen Fliegenschutz im Terrarium an. Die Wunden vorsichtig mit Heilsalbe verstreichen. Mehrere Monate Vitamin-A-Präparate meiden.

Vitamin-D^3-Vergiftung

Anzeichen: Der Schildkrötenpanzer wird weich, an den Nähten treten Blutungen auf.
Behandlung: Nur durch den Tierarzt. Die Schildkröte äußerst vorsichtig berühren. Regelmäßige Mineralstoffzufuhr sichern, keinen Zugang zu Sand und Kies geben. Gekochte Eierschalen pulverisieren und der Schildkröte über das Futter streuen.
Auf D3-Präparate verzichten und für regelmäßige UV-Bestrahlung sorgen (→ ab Seite 21).

Legenot

Anzeichen: Erfolgloses Graben und vergebliche Preßversuche beim Eierlegen.
Mögliche Ursachen: Mineralstoff- oder Hormonmangel, ein zu großes Ei, mißgebildete Eier, ein abgeknickter oder verdrehter Eileiter, Verstopfung durch Sand verursacht, Kloakenverletzung oder ein Blasenstein.
Behandlung: Nur der Tierarzt kann klären, welche Ursache der Legenot zugrunde liegt.

Checkliste
Krankenpflege

1. Eine kranke Schildkröte stets im Quarantäneterrarium/-aquarium pflegen (→ Seite 30/31) und für größte Hygiene sorgen.

2. Mögliche Krankheitsursachen wie z. B. Zugluft, Kälte, ungesunde Fütterung sofort abstellen.

3. Wird das Auftragen einer Salbe nötig, darauf achten, daß die Fläche sauber und trocken ist und das Tier nicht mit Sand in Berührung kommt.

4. Kranke und schwache Tiere halten sich oft zu lange unter dem UV-Licht auf. Sie können einen »Sonnenbrand« davontragen. Deshalb die Besonnungsdauer im Krankheitsfall auf etwa fünf Minuten täglich verkürzen.

5. Das Tier kann auch beim Einsatz von Rotlicht austrocknen. Deshalb die »Rotlichtdosis« mit dem Tierarzt abklären.

6. Für das Eingeben von flüssigen Medikamenten ist eine Einwegspritze (ohne Nadel) hilfreich.

VERHALTEN UND BESCHÄFTIGUNG

Schildkröten sind stumme Hausgenossen. Kehllaute sind nur während der Paarung und bei Erkrankung der Atemwege zu vernehmen. Um so wichtiger ist es, daß Sie Ihre Schildkröte genau beobachten. Gut ist es dann, die Bedeutung ihrer Verhaltensweisen zu kennen.

Die Körpersprache

Schildkröten vermitteln ihre Stimmung mit Hilfe einer eigenen Körpersprache, mit der sie sich auch untereinander verständigen:

<u>An der Terrarien-/Aquarienwand entlanglaufen bzw. entlangschwimmen:</u> Es kann auch sein, daß das Tier sich anhaltend in einer Ecke des Terrariums/Aquariums bemüht, einen Weg aus seiner Unterbringung zu finden. Das sind möglicherweise Signale dafür, daß dem Tier die Lebensumstände nicht behagen. Überprüfen Sie nochmals sorgfältig die Lebensansprüche der Schildkröte (→ Porträts, ab Seite 10) und sorgen Sie für eine entsprechende Unterbringung. Sehen Sie dieses Verhalten jedoch der Schildkröte nach, wenn sie ihr Terrarium/Aquarium neu bezogen hat. Dann kann es sich bei diesem Verhalten auch um ein neugieriges Erkunden des Revieres handeln. Nach ein bis zwei Tagen sollte die Schildkröte jedoch zur Ruhe gekommen sein.

<u>Graben in der Erde:</u> Gräbt Ihre Schildkröte unablässig in der Erde und ist sie von der Größe her in einem Stadium, das sich zwischen Halbwüchsigkeit und ausgewachsenem Zustand bewegt, besitzen Sie möglicherweise ein Weibchen, das Eier ablegen will. Dieses Verhalten ist auch dann zu beobachten, wenn gar keine Erde vorhanden ist. Wenn Sie Ihre Schildkröte z.B. auf eine glatte Unterlage setzen, zeigt sie die Scharrbewegung mit den Hinterbeinen weiterhin. Treffen Sie dann alle Maßnahmen, um der Schildkröte die Eiablage zu erleichtern (→ PRAXIS-Seiten 46/47).

<u>Alle viere von sich strecken:</u> Alle Gliedmaßen, auch Kopf und Schwanz, werden so weit wie möglich aus dem Panzer hervorstreckt. Dieses Verhalten ist in der Regel dann zu beobachten, wenn das Tier sich von der Sonne, sei es eine natürliche oder künstliche, bescheinen läßt. Der Kopf liegt dabei meist flach auf dem Boden, die Augen sind geschlossen.

Achtung: Wenn Ihre Schildkröte ganztags in dieser Haltung unter einer Heizungs- oder UV-Lampe liegt (Verbrennungsgefahr), ist das für Sie ein Alarmsignal! Stellen Sie durch Aufheben der Schildkröte fest, ob sie noch in gewohnter Weise wehrhaft und aktiv ist. Haben Sie den Eindruck, daß ihre Reaktion auf die Störung schwächer ist als üblich, ist Ihre Schildkröte vermutlich krank und muß zum Tierarzt.

Diese Zierschildkröte nutzt bei schönem Wetter die Freianlage zum ausgiebigen Sonnenbad.

Verhalten und Beschäftigung

Auf allen vieren aufrichten, den Kopf nach oben vorgereckt: Dieses Verhalten an Land drückt Neugierde aus. Auch beim Koten an Land nehmen Schildkröten diese Haltung ein.
Kopf und Beine ruckartig einziehen: Die Schildkröte hat sich erschreckt und möchte nicht weiter gestört werden.
Eine landlebende Sumpfschildkröte rammt die andere mit dem Panzer: Meist geschieht der »Angriff« schräg von vorn, und/oder der Angreifer versucht das andere Tier in die Beine oder in den Hals zu beißen. Hier handelt es sich um die Aufforderung eines Männchens an eine Geschlechtspartnerin, stehenzubleiben, sich abzulegen und zur Paarung bereitzuhalten. Wenn es zu Verletzungen kommt, die Tiere trennen!
Eine landlebende Sumpfschildkröte vergräbt sich in ihrer Höhle/in einer Ecke des Terrariums: Außerdem stellt sie die Nahrungsaufnahme ein. Dieses Verhalten ist günstigenfalls ein Signal, daß die Schildkröte in die Winterruhe möchte. Es tritt im Herbst auf, wenn die Tage deutlich kürzer werden und die Sonne nicht mehr den höchsten Stand erreicht. Zu anderen Jahreszeiten kann ein solches Verhalten jedoch auch anzeigen, daß die Schildkröte krank ist. Gehen Sie dann mit dem Tier zu einem Tierarzt.

Sinnesleistungen der Schildkröte

Das Riechvermögen ist sehr gut und führt die Schildkröte zielsicher zum Geschlechtspartner und zum Futterplatz. Direkt am Futter orientieren sie sich so gut wie ausschließlich über den Geruchssinn. Wasserschildkröten riechen unter Wasser ebenso gut wie an Land. Deshalb kommen sie auch im trüben Wasser ans Ziel. Dabei pumpen sie das Wasser mit Bewegungen des Mundhöhlenbodens durch die Nase in den Mund und lassen es aus dem Mund abfließen.
Die Augen sind sehr scharf, vor allem, um in der Ferne Futter oder Feinde wahrzunehmen. So kann die Karolina-Dosenschildkröte z. B. aus größerer Entfernung eine Grille oder Schnecke erkennen. Direkt davor läßt sie sich jedoch von der Nase leiten und vergewissert sich über den Geruch, ob das Erspähte wirklich genießbar ist. Viele Schildkröten erkennen auch ihren Pfleger auf große Entfernung und reagieren auf ihn.
Das Gehör ist weniger leistungsfähig. Schildkröten nehmen tiefe Töne am besten wahr. Auch Bodenschwingungen (Tritt, fallende Steine) werden gehört, indem die Schwingungen über die Beine und den Panzer zum Innenohr weitergeleitet werden. Eine äußere Ohrmuschel fehlt, so daß das Trommelfell direkt unter der Haut liegt. Aus diesem Grund ist das Ohr manchmal schwer zu erkennen. Es liegt etwa hinter der »Wange« und ist oft von einer ledrigen Haut oder von Schuppen bedeckt.

Der Schildkrötenpanzer

Das Auffälligste an der Schildkröte ist ihr Panzer. Er besteht größtenteils aus lebendem, verletzlichem Material. Das tra-

Die Moschusschildkröte kann im Alter aggressiv werden.

gende Element sind Knochenplatten, die aus Teilen der Wirbelsäule, der Rippen und des Schultergürtels und aus verknöcherten Hautpartien geformt sind. Somit ist der Panzer Teil des Knochenbaus, des Skelettes. Dieses Knochengewölbe ist von einer empfindlichen Knochenhaut überzogen, die durch Hornplatten geschützt ist. Nur die Hornplatten bestehen aus »totem« Material, das etwa dem menschlichen Fingernagel vergleichbar ist.

Hinweis: Zwischen den einzelnen Hornschildern entdecken Sie Fugen. In diesen zumeist hellen Zonen kann die Hornschicht wachsen und ist entsprechend dünn. Das bedeutet zugleich, daß diese Regionen ungeschützt und hochempfindlich gegen Kratzen, Bürsten und Bohren mit dem Fingernagel sind! Während der Panzer der Schildkröte mit dem Alter etwas höckriger und im Hornschild dicker werden kann, nutzt er sich gleichmäßig von außen her ab. Das geschieht beim Umherstreifen durch Scheuern an Wurzeln und Steinen sowie beim Graben in der Erde.

Eine weitere Besonderheit im Schildkrötenpanzer sind Scharniergelenke, die bei Dosenschildkröten anzutreffen sind (→ Seite 15). Damit wird der Schutz des Panzers in einer verblüffenden Weise perfektioniert. Während eine »normale« Schildkröte, wie z.B. die Rotwangenschmuckschildkröte, Kopf, Arme und Beine in den Panzer einzieht und die derbe Haut der Beine nach außen zeigt, kann die Dosenschildkröte den quergeteilten Bauchpanzer vorn und hinten zugbrückenartig hochziehen. Damit hat sie alle Körperöffnungen verschlossen und ist perfekt geschützt.

Bei der Weichschildkröte ist eine besondere Rückbildung des Panzers festzustellen. Das flache, knöcherne Rückengewölbe ist nur von einer zähen, ledrigen Haut überzogen. Hornplatten fehlen. Der Bauchpanzer besteht aus etwas verbreiterten Knochen in der Becken- und Schultergürtelregion und ist sonst nur von der weichen Haut bedeckt.

Erstaunlich ist die Tatsache, daß die im Sand vergrabene Weichschildkröte über die Körperhaut in erheblichem Umfang atmet. Nicht zuletzt ist deshalb die Weichschildkröte auch hochempfindlich gegen unsauberes Wasser im Aquarium oder gegen Panzerverletzungen, die sehr schnell zu Infektionen neigen.

Die Farbe des Panzers ist normalen Veränderungen unterworfen. Bei vielen Arten verändert sie sich mit dem Älterwerden. Die anfangs leuchtenden, »frischen« Farben verblassen bzw. der gesamte Panzer wird in der Grundfarbe dunkler. Schildkröten in Menschenobhut sind fast immer gleichförmiger gefärbt als gleichgroße Tiere in freier Wildbahn. Dort sind die Tiere meist leuchtender, farbintensiver, was auf den Einfluß von Licht und vielfältigerer Ernährung zurückzuführen ist.

Als Krankheitsanzeichen ist eine Farbveränderung Ihrer Terrarien- bzw. Aquarienschildkröte aber in keinem Fall zu werten.

> **TIP**
>
> **Ablösen von Hornplatten**
>
> Bei vielen wasserlebenden Schildkröten (unter anderem bei *Chrysemys*-, *Cuora*- und *Chelodina*-Arten) können sich in regelmäßigen Abständen von mehreren Monaten ganze Hornplatten vom Panzer ablösen. Gleichzeitig wird auch die Hornhaut abgestoßen. Dies ist kein Krankheitsanzeichen. Bei den übrigen Arten, vor allem bei den landlebenden, ist das jedoch krankhaft und muß vom Tierarzt untersucht werden.

56 VERHALTEN
DOLMETSCHER

Wenn Sie Schildkröten verstehen lernen möchten, müssen Sie ihre Verhaltensweisen richtig deuten können.

 Dieses Verhalten zeigt meine Schildkröte.

 Was drückt meine Schildkröte damit aus?

 So reagiere ich richtig auf ihr Verhalten!

 Kopf und Beine eingezogen.

 Das Tier hat sich erschreckt.

 Lassen Sie die Schildkröte jetzt am besten völlig in Ruhe.

 Das Tier verzehrt einen Regenwurm.

 Wasserschildkröten gehen vor allem im Wasser auf Nahrungssuche.

 Wasserschildkröte füttern, indem man das Futter auf die Wasseroberfläche streut.

 Die Schildkröte ist umgefallen.

 Sie versucht, sich aufzurichten.

 Greifen Sie nicht ein, denn das Tier kann sich allein wieder aufrichten.

 Einige Wasserschildkrötenarten haben eine Art »Haken« am Oberschnabel.

 Er dient ihnen als Kletterhilfe.

 Sie dürfen diesen »Haken« keinesfalls einkürzen.

👉 Die Tropfenschildkröte klettert ans Ufer.
❓ Ihr ist es im Wasser zu kalt geworden.
❗ Gestalten Sie die Ufer des Gartenteichs flach.

57

Das Tier 👉 bewegt sich im Wasser vorwärts.
Es ist auf ❓ der Suche nach Nahrung.
Bieten Sie ❗ Ihrer Wasserschildkröte genügend Schwimmraum.

👉 Aufmerksames aus dem Wasser Spähen.
❓ Sie möchte sich sicher fühlen.
❗ Halten Sie Abstand zu Ihrer Schildkröte im Gartenteich.

Alle viere von sich gestreckt. 👉
Die Schildkröte nimmt ein ❓ ausgiebiges Sonnenbad.
Sorgen Sie auch im Aquarium/Terrarium ❗ dafür, daß genügend Sonnenplätze zur Verfügung stehen.

👉 Kopf und Hals seitlich »eingeklappt«.
❓ So schützt sich die Halswenderschildkröte, wenn sie erschrickt.
❗ Das Tier braucht jetzt Ruhe, um sich entspannen zu können.

PRAXIS BESCHÄFTIGUNG

Schildkröten können überaus interessante Heimtiere sein, wenn man sie richtig fördert.

Natürliche Veranlagungen fördern

Schildkröten sind keine Schmusetiere. Doch wer sich mit dem Wesen seiner Schildkröte auseinandersetzt und zudem ihre natürlichen Veranlagungen fördert, wird überrascht sein, wie lernfähig Schildkröten sind und welch interessante »Beobachtungsobjekte« sie abgeben, wenn man ihnen die entsprechenden Möglichkeiten zur Entfaltung ihres Wesens bietet.

Die erste Voraussetzung, Ihre Schildkröte optimal zu »erleben«, ist deshalb, ihr eine abwechslungsreiche, artgerechte Unterbringung zu bieten (→ Seite 21 bis 29).

Auf Lautgebung trainieren: Das Hörvermögen der Schildkröten ist zwar nicht besonders gut ausgeprägt, doch tiefe Töne vernehmen sie durchaus. Trainieren Sie deshalb Ihre Schildkröte z.B. auf tiefe Töne eines Musikinstrumentes oder auf eine tieftönende Glocke. Immer, wenn der Laut ertönt, gibt es Leckerbissen. Viele Schildkröten verbinden schließlich mit dem tiefen Ton des Instrumentes oder der Glocke das Angenehme und kommen herbei.

Das Warten auf Leckerbissen: In der Natur ist die Futtersuche eine tagesfüllende Aufgabe für Schildkröten. Je häufiger Sie also füttern (immer die Gesamtmenge im Auge behalten (→ Seite 41), um so häufiger muß die Schildkröte aktiv werden. Interessant ist für sie die Suche nach Lebendfutter (Wassserflöhe und Mückenlarven für Jungtiere), das sich nicht so ohne weiteres schnappen läßt. Bachflohkrebse und Tubifexe verstecken sich sogar im Wasser. Die Verfütterung lebender Fische hätte zwar einen hohen Unterhaltungswert für Ihre Schildkröte, sollte jedoch unterbleiben, da der Fisch keine Chance hätte zu entkommen.

Schildkröten handzahm machen

Finden Sie zunächst heraus, welches Futter Ihre Schildkröte bevorzugt. Nehmen Sie den Lecker-

Der Sprung ins Wasser macht doppelt Spaß, wenn ein lebender Leckerbissen im Wasser »wartet«.

Die Schildkröte richtig fördern

bissen zwischen Daumen und Zeigefinger und halten Sie ihn dem Tier hin. Wasserschildkröten den Futterbrocken auf die Wasseroberfläche halten. Die Schildkröte wird zunächst das Futter beriechen, an dem jetzt außerdem der Geruch Ihrer Hand haftet. Dann beginnt sie zaghaft, am Futter zu fressen. Vermeiden Sie währenddessen jede abrupte Bewegung, sonst erschreckt sich die Schildkröte und sie verliert das Vertrauen zu Ihnen.

Eine interessante Unterwasserlandschaft sorgt für Abwechslung.

In der Regel gewöhnen sich die meisten Schildkröten jedoch schnell an Ihre Hand bzw. an Sie als Person. Mit Ihrem Auftauchen wird die Schildkröte in Zukunft ein angenehmes Erlebnis verbinden. Schließlich gibt es ja dann immer etwas Leckeres zu fressen.

Hinweis: Wie lange es dauert, bis eine Schildkröte handzahm wird, hängt vom jeweiligen Tier ab. Manche Schildkröten werden nie zahm!

Auf der Lauer. Wann findet der nächste Mehlwurm in den Magen der Wasserschildkröte?

Der Mehlwurmspender

Er sorgt für interessante Abwechslung und zusätzliche Fitneßübungen. Bohren Sie dazu in eine etwa 20 cm lange Plexiglasröhre eine waagrechte Reihe 2 mm großer Löcher. Hängen Sie die Röhre mit Hilfe von zwei Drähten so über dem Wasser auf, daß die Löcher nach unten zeigen. Geben Sie einige Mehlwürmer in den Behälter und verschließen Sie die Seiten mit je einem Korken. Die Mehlwürmer winden sich so lange in der Röhre, bis sie durch ein Loch ins Wasser fallen. Das geschieht in unregelmäßigen Abständen. Die Schildkröte genießt den unplanmäßigen Leckerbissen.

Da die Schildkröte nicht weiß, wann genau der nächste Leckerbissen ins Wasser »regnet«, wird sie aufmerksam lauern.

Hinweis: Mehlwürmer sind leicht zu züchten oder im Zoofachhandel zu kaufen, sollten jedoch nur als »Zusatz« verfüttert werden.

Füttern mit Hilfe einer Pinzette. Doch handzahm wird eine Schildkröte so nicht.

REGISTER

Die halbfett gesetzten Seitenzahlen verweisen auf Farbfotos und Zeichnungen.

A

Allergien 6
Alter 4
– beim Kauf 20
Amboina-Scharnierschildkröte 13, **13**
Anschaffung 9 - 31
Aquarium 25
– für Wasserschildkröten 23
–, Standort für das 26
–-technik 25
Artenschutz 18
Atemnot 49
Atemwege 19
Augen 19, 54
–, geschwollene 50

B

Badebecken 22
Beine 19
Beleuchtung 22
Bepflanzung 23
Beschäftigung 58, 59
Brutkammer 46, **46**
Bruttemperatur 46
Bunte Erdschildkröte 16, **16**

C

Chelodina
   longicollis **9**, 13, **13**, 23, 42, 43
Chinemys
   reevesii 12, **12**, 61
Chinesische Dreikielschildkröte 12, **12**, 61
Chrysemys
– *concinna*
– *hieroglyphica* 11, **21**
– *picta* 14, **14**, 52
– *(Pseudemys) scripta elegans* 11, **11**
– *troosti* 11
CITES 18
Clemmys
– *guttata* 12, **12**
– *insculpta* 10, **10**, **26**, 40
Cuora
– *amboinensis* 13, **13**
– *flavomarginata* 13

D

Dornrand-Weichschildkröte 14, **14**
Dosenschildkröte 15, **15**
Durchfall 49

E

Eiablagemöglichkeiten
– für Sumpfschildkröten 46
– für Wasserschildkröten 46, 47
Eier 44
–, Befruchtung der 43
–, unbefruchtete 45
Eingewöhnung 9-31
Einwegspritze 36
Einzelhaltung 7
Emydura
   albertisii 12, **18**
Ernährung 38-41

F

Falsche Landkartenhöckerschildkröte 11
Freianlage 6
– auf Balkon und Terrasse 28, **29**
– im Garten 26, **28**
Futter 38-41
–, eingefrorenes 41
–-menge 40
–, Spezial- 41
–, Trocken- 38
–-wechsel 41
–-zusätze 39
Fütterungsregeln 41

G

Gehör 54
Gelbrand-Scharnierschildkröte 13
Gelbwangen-Schmuckschildkröte 11
Geoemyda
   spengleri 16, **16**
Geschlechtsunterscheidung 7
Gesundheits-vorsorge 48
–-zustand 19
Gewichtskontrolle 40, 41
Graptemys
   kohnii 11, **11**, 50
Graptemys
   pseudogeographica 11

H

Großkopfschildkröte 9, **16**, **17**, 49
Haltung
– im Aquarium 6
– im Freien 6
– im Terrarium 6
Haut 19
Heimtiere, andere 6
Heosemys
   spinosa 17, **17**
Hieroglyphenschmuckschildkröte 11, **21**
Hinterindische Dornrandschildkröte 17, **17**
Hornplatten
–, Ablösen von 55
Hornscheiden 9
–, zu lange 36
Hygienemaßnahmen 48

J

Jungtiere
–, Aufzucht der 45

K

Kachuga smithii 12
Kalk 39
Karolina-Dosenschildkröte 15, **15**, 39
Kaspische Bachschildkröte 11
Kauf 18, 20
–, Alter beim 20
Koi-Futter 40

A bis S

Körpersprache 53, **56, 57**
Kotprobe 31
Krallen 19
 – schneiden 36
 -zange **36**
Krankheiten 48

Lebenserwartung 4
Lederschildkröte 9
Legenot 51

Männchen 7
Mauremys
 - *(Clemmys)*
  caspica leprosa 11
 - *caspica caspica* 11
Maurische Wasserschildkröte 11
Mineralien 39
Mineralstoffmangel 51
Mississippihöckerschildkröte
 10, 11, **11, 50**
Moschusschildkröte 10, **10,
 22, 32, 54**

Nachwuchs 42-48
Nahrung 38-41
 –, tierische 38

Nahrungsmenge 40, 41
Nase 19
Notbrutkammer **46**

Paarhaltung 7
Paarungsverhalten 43
Panzer 9, 19
 –, Farbe des 55
 -verletzungen 50
Pflege
 – der kranken Schildkröte 51
 – der Schildkröte 36
 – der Unterkunft 37
 -utensilien 36
Platysternon megacephalum 16, 17, 49
Pyxidea mouhoti 17, **17**

Quarantäne 30
-terrarium 30, 31, **31**

Rhinoclemys pulcherrima 16, **16**

Riechvermögen 54
Rotwangenschmuckschildkröte 11, **11**

Schildkröte
 –, Amboina-Scharnier- 13, **13**
 –, Bunte Erd- 16, **16**
 –, Chinesische Dreikiel- 12, **12, 61**
 –, Dornrand-Weich- 14, **14**
 –, Dosen- 15, **15**
 – einfangen 27
 –, Falsche Landkartenhöcker- 11
 –, gesunde 19, **20**
 – handzahm machen 58
 –, Hieroglyphenschmuck- 11, **21**
 –, Hinterindische Dornrand- 17, **17**
 –, Karolina-Dosen- 15, **15**, 39
 –, Kaspische Bach- 11
 –, kranke 19
 –, Leder- 9

 –, Maurische Wasser- 11
 –, Mississippihöcker-
  10, 11, **11, 50**
 –, Moschus- 10, **10,
  22, 32, 54**
 –, Rotwangenschmuck- 11, **11**
 –, Schlangenhals- 8,
  13, **13**, 23, 42, 43
 –, Schmuck-Dosen- 15, **15**
 –, Smith Dach- 12
 –, Spenglers Erd-
  16, **16**
 –, Spitzkopf- 12, **18**
 –, Stachel-Erd- 17, **17**
 –, Tropfen- 12, **12**
 –, versteinerte 9
 –, Waldbach- 10,
  10, 26, 40
 –, Zier- 14, **14**, 52
Schildkröten aneinander gewöhnen 33
Schlangenhalsschildkröte 8, 13,
 13, 23, 42, 43

Die Chinesische Dreikielschildkröte stammt aus Asien und braucht keine Winterruhe.

REGISTER

Schlüpfen 47
Schmuck-Dosen-
  schildkröte 15, 15
Sinnesleistungen 54
Smith Dach-
  schildkröte 12
Spenglers Erd-
  schildkröte 16, 16
Spitzkopf-
  schildkröte 12, 18
Spurenelemente 39
Stachel-Erd-
  schildkröte 17, 17
*Sternotherus
  odoratus* 10, 10,
    22, 32, 54

Terrapene
 - *carolina* 15, 15, 39
 - *ornata* 15, 15
Terrarium 24
 –, Beleuchtung
   für das 22
 –, Dekoration für
   das 22, 24
 – einrichten 22, 24
 – für Sumpf-
   schildkröten 21
 -größe 22, 24
 –, Quarantäne- 30, 31
 –, Standort
   für das 26
 -technik 24
Transport 30
Trionyx
 - *ferox* 14
 - *spiniferus* 14, 14
Tropfen-
  schildkröte 12, 12

Überwinterung 6
Überwinterungs-
  dauer 33
Überwinterungs-
  quartier 36, 37, 37
Unterbringung 6, 21
Urlaubs-
  vertretung 6, 38

Verhalten 52-57
Versorgung
  im Urlaub 38
Vitalität 19
Vitamin
  -A-Vergiftung 51
  -D-Vergiftung 51
Vitamine 39

Waldbachschildkröte
  10, 10, 26, 40
Wärmequellen 22
Weibchen 7
Wiegen 40, 41
Winterruhe 33
 –, Ausfall der 34
 –, Erwachen
   aus der 37
 –, Verweigern
   der 34
 –, vorzeitiges
   Erwachen
   aus der 34

Zeckenzange 36
Zierschildkröte 14,
   14, 52
Zucht 42-48

**Adressen, die
weiterhelfen**
• DGHT Deutsche
Gesellschaft für
Herpetologie und
Terrarienkunde e. V.
Geschäftsstelle:
Andreas Mendt,
Locher Straße 18,
D-53351 Reinbach.

Durch eine Mitglied-
schaft in der DGHT
kommen Sie in Kontakt
mit anderen Schildkrö-
tenfreunden, die im ge-
samten deutschsprachi-
gen Raum, auch in der
Schweiz und in Öster-
reich in »Ortsgruppen«
organisiert sind. Außer-
dem erhalten Sie durch
zwei vereinseigene
Fachzeitschriften neue-
ste Informationen über
die Haltung und Zucht
von Schildkröten und
eine regelmäßig er-
scheinende Zucht- und
Nachfrageliste für Rep-
tilien aller Art.

**Fragen zur
Schildkrötenhaltung
beantwortet:**
Ihr Zoofachhändler
und der Zentralverband
Zoologischer Fach-
betriebe Deutschlands
e. V.,
D-63225 Langen,
Tel. 0 61 03/91 07 32
(nur telefonische Aus-
kunft möglich)

**Bücher,
die weiterhelfen**
(falls nicht im Buch-
handel, dann in Biblio-
theken erhältlich)
• Wilke, H. : Reihe
»Mein Heimtier«. Die
Schildkröte. Gräfe und
Unzer Verlag, München.
• Nietzke, G.: Die Terra-
rientiere (Band 1 und
2). Verlag Eugen Ulmer,
Stuttgart.

**Zeitschriften,
die weiterhelfen**
• ELAPHE. Zeitschrift
der DGHT.
• SALAMANDRA. Zeit-
schrift der DGHT.
• DATZ vereinigt mit
AQUARIEN MAGAZIN
(die Aquarien- und Ter-
rarienzeitschrift),
Eugen Ulmer Verlag,
Stuttgart.
• HERPETOFAUNA. Die
Zeitschrift für den Ter-
rarianer. Herpetofauna
Verlag, Weinstadt.
• SAURIA. Terraristik
und Herpetologie.
Terrariengemeinschaft
Berlin e. V.

Der Autor
Dr. Hartmut Wilke stu-
dierte Meeresbiologie
und Fischereiwissen-
schaft an den Universi-
täten Mainz und Ham-
burg. Promotion über
Fischkrankheiten. Von
1973 bis 1983 Leiter
des Exotariums am Zoo-
logischen Garten Frank-
furt am Main. Seit 1983
über 14 Jahre Leiter des

Wichtige Hinweise

Zoologischen Gartens in Darmstadt. Die Reptilienzucht gehört zu seinen Arbeitsschwerpunkten. Der Autor hat aus dieser Zeit mehr als 20 Jahre Beratungserfahrung in der Schildkrötenpflege.

Dank

Autor und Verlag danken Herrn Rolf Warnecke für das Einbringen seiner praktischen Erfahrungen aus langjähriger Schildkrötenhaltung und Frau Dr. Gisela Keil für das Verfassen des Kapitels »Gesundheitsvorsorge und Krankheiten«.

Die Fotograf

Die Aufnahmen in diesem Buch stammen von Uwe Anders, mit Ausnahme von: Kahl: Seite 17 li. o.; Reinhard: Seite 10 u., 50; Silvestris: Seite 13 u.

Wichtige Hinweise

Die in diesem Buch beschriebenen elektrischen Geräte für die Terrarien- bzw. Aquarienpflege (→ Seite 21 bis 29) müssen mit dem gültigen TÜV-Zeichen versehen sein. Es muß auf die Gefahren geachtet werden, die bei dem Umgang mit derartigen elektrischen Geräten und Leitungen, insbesondere in Verbindung mit Wasser, bestehen.
Es wird dringend die Anschaffung eines elektronischen Fehlstrom-Überwachungsgerätes empfohlen, das die Stromzufuhr unterbricht, sobald in Geräten oder Leitungen ein Schaden auftritt. In gleicher Weise funktioniert ein FI-Schalter (Fehlstrom-Schutzschalter), der nur vom Fachmann installiert werden darf.

An unsere Leserinnen und Leser

Wir freuen uns, Ihre Meinung zu diesem TierRatgeber zu erfahren. Bitte schreiben Sie uns, wenn Sie Berichtigungen und Ergänzungsvorschläge haben oder wenn Ihnen etwas besonders gut gefällt.

Gräfe und Unzer Verlag
Redaktion Natur
Stichwort:
TierRatgeber
Postfach 86 03 66
D-81630 München

Uwe Anders ist Diplombiologe und seit vielen Jahren als freier Naturfotograf und als Kameramann für Naturfilmproduktionen tätig. Er schreibt Artikel zu Naturthemen und unterrichtet an verschiedenen Institutionen Natur- und Reisefotografie. Im Gräfe und Unzer Verlag sind bereits zahlreiche TierRatgeber mit seinen Aufnahmen erschienen.

Der Zeichner

Robert Fischer, Diplom-Grafikdesigner, lebt und arbeitet in München. Sein zeichnerisches Repertoire reicht von detaillierten Naturstudien über Märchenillustrationen bis zu Computer-Collagen.

Fotos: Buchumschlag und Innenteil

Umschlagvorderseite: Rotwangenschmuckschildkröte (großes Foto), Waldbachschildkröte (kleines Foto). Umschlagrückseite: Hieroglyphenschmuckschildkröte.
Seite 1: Zierschildkröte.
Seite 2/3: Rotbauchschmuckschildkröte *(Pseudemys rubiventris)*, Freilandaufnahme in Florida. Seite 4/5: Moschusschildkröte. Seite 6/7: Rotwangenschmuckschildkröten. Seite 64: Waldbachschildkröte.

Impressum

© 1998 Gräfe und Unzer Verlag GmbH, München. Alle Rechte vorbehalten. Nachdruck, auch auszugsweise, sowie Verbreitung durch Bild, Funk und Fernsehen, durch fotomechanische Wiedergabe, Tonträger und Datenverarbeitungssysteme jeder Art nur mit schriftlicher Genehmigung des Verlages.

Redaktion: Gabriele Linke-Grün, Anita Zellner
Umschlaggestaltung und Layout: Heinz Kraxenberger
Zeichnungen: Robert Fischer
Herstellung: Heide Blut/Susanne Mühldorfer
Satz: Heide Blut
Reproduktion: Penta Repro
Druck und Bindung: Stürtz

ISBN 3-7742-3698-4

Auflage 4. 3. 2. 1.
Jahr 2001 2000 99 98

64 EXPERTEN-RAT

1 Sollte eine Schildkröte auch im Gartenteich überwintern?

Nein. Der lange Herbst und Winter in unseren Breiten stellt für Wasserschildkröten ein hohes gesundheitliches Risiko dar.

2 Manchmal reckt die Schildkröte alle viere von sich. Was bedeutet dies?

Das Tier nimmt ein Sonnenbad oder es will Kot absetzen.

3 Die Schildkröte schwimmt neuerdings ständig an der Scheibe des Aquariums hin und her. Was hat das zu bedeuten?

Wenn es sich um ein geschlechtsreifes Weibchen handelt, möchte es möglicherweise Eier ablegen. Aber auch die Haltungsbedingungen können sich verschlechtert haben.

4 Meine Schildkröte ist noch kein Jahr alt. Übersteht sie trotzdem eine Winterruhe?

Selbstverständlich. Vorausgesetzt das Tier ist gesund und munter, können Sie es unbesorgt in die ihm wohltuende Winterruhe schicken.

5 Die eine meiner beiden Schildkröten streckt immer die Vorderbeine aus und zittert merkwürdig damit.

Hier handelt es sich um das Balzverhalten eines Männchens, das eine Partnerin oder ersatzweise ein anderes Männchen anbalzt.